살아서
지옥을
볼 것인가

2024년 9월 10일 초판 1쇄 발행

글 | 김해동

책임편집 | 김세라
디자인 | 박정화, 김다솜
마케팅 | 김선민
관리 | 장수댁
인쇄 | 정우피앤피
제책 | 바다제책

펴낸이 | 김완중
펴낸곳 | 내일을여는책

출판등록 | 1993년 01월 06일(등록번호 제475-9301)
주소 | 전라북도 장수군 장수읍 송학로 93-9(19호)
전화 | 063) 353-2289
팩스 | 0303) 3440-2289
전자우편 | wan-doll@hanmail.net
블로그 | blog.naver.com/dddoll

ISBN | 978-89-7746-228-1   03300

기후시민으로
살아가기

살아서
지옥을
볼 것인가

글 김해동

내일을여는책

목차

3장 기후위기 격변점 이후의 세상은 어떤 모습일까?

4장 기후위기 대응이 제대로 안 되는 이유가 무엇일까?

5장 우리는 무엇을 할 수 있을까?

기후붕괴의 시대가 열렸습니다

인류는 산업혁명 이래 200년도 채 안 되는 아주 짧은 기간에 화석연료를 대량 연소시켰습니다. 그 결과, 지구 생명체가 적응해서 살아갈 수 없을 정도로 큰 폭의 기온 상승이 일어나고 있습니다. 지구의 기후는 천문학적 요인 또는 풍화·침식작용과 화산활동이 만들어내는 대기 중 이산화탄소의 제거와 공급의 주기적 큰 불균형으로 기온 상승과 하강이 되풀이되어 왔습니다. 이런 자연적 현상으로 발생한 기온의 상승과 하강 폭은 1천 년에 0.1℃ 정도였습니다. 그런데 지금은 1백 년에 1℃ 상승하고 있습니다. 자연발생적 온난화라면 1만 년에 걸쳐 나타났을 만큼의 급격한 변화입니다. 이것은 지구생명체로선 감내할 수 없는 수준입니다.

앞으로도 특별한 규제 없이 화석연료를 지금처럼 계속 사용하고 열대우림 벌채와 해안 지역 훼손을 계속한다면 200여 년 후에는 대기 중 이산화탄소 농도가 산업화 이전의 4배까지 증가할 것으로 추정됩니다. 엄격하게 규제하더라도 산업혁명 이전에 비해 2배 증가할 것이라고 합니다. 이산화탄소 농도가 산업화 이전의 4배로 증가할 경우 지구 평균기온은 산업화 이전보다 7℃ 정도 상승하게 됩니다. 육상에서 7~12℃, 해상에서는 5~6℃, 특히 북극해 주변에서는 16℃나 상승할 것으로 전망됩니다.

이는 공룡이 살았던 백악기 후기 수준에 해당하는 기온입니다. 이렇게 된다면 지금의 지구생태계는 멸종을 피할 수 없게 됩니다. 지구생명체는 지구 기후조건에 맞춰서 생성되고 멸종됩니다. 우리가 기후위기를 걱정하는 것은, 기온이 급격하게 상승하면 각종 기후재해가 발생하여 지구생태계와 인간의 삶이 무너지기 때문입니다.

기후위기가 너무도 심각한데 왜 우리나라 사람들은 이렇게 태평한 것이냐는 질문을 많이 받습니다. 그 이유는 사람

에 따라 다를 것으로 생각합니다만 최소한 이런 공통점은
있지 않을까요?

기후위기라고 하지만 우리는 별일 없이 살고 있고, 적어
도 내가 살아있을 동안엔 괜찮지 않을까?

　지구의 긴 역사에서 최근 10만 년을 대상으로 양극 지
방에 쌓여 있는 빙하 속의 공기를 이용해 과거 기후를 조
사해보면, 지구의 기후는 매우 혹독하였고 큰 변화를 겪
었다는 사실을 알 수 있습니다. 최근 1만 년 정도의 기후
가 가장 안정적이고 지구생명체가 살아가기에 가장 조화
로운 것으로 평가받습니다. 우리는 지금의 지구 역사를
홀로세Holocene(신생대 제4기의 마지막 시기로, 약 1만 년
전부터 현재까지를 이름)라 부르는데, 홀로세의 의미가 안
정적이고 조화롭다는 뜻입니다.
　**이렇게 좋은 기후를 인간의 잘못으로 무너뜨려 가고 있
습니다.** 그럼에도 지금의 기후가 워낙 안정되고 조화롭
게 형성되어 있다 보니, 기후가 우리의 삶을 당장 망가뜨
릴 것이라 여기지 않는 사람들이 많은 것 같습니다. 하지
만 지구촌 이곳저곳에서 기후위기를 되돌릴 수 있는 시기

를 이미 놓친 게 아닐까 하는 생각을 하게 만드는 위험한 징조가 많이 나타나고 있는 게 현실입니다. 2023년 7~8월엔 겨울철인 남반구에서 40℃에 육박하는 고온이 기승을 부렸습니다. 북반구에선 유라시아와 아메리카대륙의 북극권까지 30℃를 넘는 고온 상태가 이어졌습니다. 이는 지구의 기후가 고온기로 접어들었다는 징조와 같습니다. 우리나라도 매년 폭염으로 사람들이 목숨을 잃고 재산피해를 보고 있지만, 해외에서 나타난 '폭염 사건'에 비하면 약한 수준이었습니다.

2023년엔 우리나라에 가까운 북태평양의 수온도 관측 역사상 가장 높았습니다. 그래서 매우 강력한 태풍이 연이어 발생했습니다. 특히 중국에 진입한 5호 태풍 '독수리'가 막대한 인명피해와 재산피해를 냈습니다. 짧은 시간에 1,000mm 넘는 비가 내린 겁니다. 베이징에선 자금성이 빗물에 잠겼습니다. 6백 년 역사에서 처음이라고 합니다. 이런 폭우가 우리나라 도시에 내린다면 어떻게 될까요? 중국은 우리나라에서 가장 가까운 나라입니다.

이 책에서는 그런 징조들을 찾아서 소개했습니다. 국제기구에선 이젠 여름마다 극단적 폭염이 없는 해는 없을 것으로 전망하고 있습니다. 지금 우리에게 닥친 가장 큰 위협은 기후위기임이 분명합니다.

기후위기를 멈추게 할 방도가 사실상 없다고 하더라도, 설령 내일 지구의 종말이 오더라도, 스피노자가 말했듯이 우리는 오늘 한 그루의 사과나무를 심어야 합니다. 낭떠러지로 굴러가는 브레이크 고장 난 자동차처럼 빠르게 진행되는 기후위기를 멈추게 하려면 **지금 우리는 무엇을, 어떻게, 해야 할까요?** 우리가 심어야 할 사과나무는 무엇이어야 할까요? 이 문제를 말하고 있는 책입니다.

1장

우리나라의
기후위기 상황,
어느 정도인가?

홍수와 가뭄, 폭염과 한파

홍수

2024년 어린이날의 폭우 사건을 기억하시나요? 그날은 일요일이었습니다. 그래서 대체공휴일이 적용되어 사흘 연휴가 되었습니다. 이때 온대저기압이 지나면서 제주도와 남해안 지역을 중심으로 폭우가 쏟아졌습니다. 경남 고성에 240mm, 그 주변 남해안 지방에 200mm 내외의 많은 비가 내렸습니다. 이는 2023년 장마철에 경상북도 산간 지역에 내린 폭우로 산사태가 일어나 많은 사람이 희생됐을 때의 강우량과 비슷한 양입니다. 제주도 산간 지방에는 그보다 훨씬 많은 980mm 내외의 폭우가 쏟아졌습니다. 이는 대구의 연 강수량과 비슷할 정도로 놀라운 강우량이었습니다. 제주도 산간에 내린 폭우는 1시간에 70mm를 넘기도 했습니다. 24시간 동안 비가 80mm 이상 내릴 것으로 예상될 때 폭우경보가 내린다는 점을 생각하면 이게 얼마나 대단한 폭우였는지 짐작할 수 있을 겁니다.

태풍이나 장마가 아닌 봄철의 이동성 온대저기압으로 이렇게 많은 비가 내린 것은 과거에 없던 놀라운 사건입니다. 우리나라도 1년 동안 내릴 강우량이 하루 만에 내리는 세상으로 변한 겁니다. 외신을 타고 전해오던 해외의 놀라운 폭우 사건이 이렇게 우리나라에서도 발생하고 있습니다.

당시 폭우가 쏟아진 원인은 일본열도 동쪽에 있는 해상 고기압에 있었습니다. 이 고기압의 서쪽 가장자리를 따라 고온다습한 공기가 한반도로 강하게 유입되었고, 북서 상공에서 내려온 찬 공기와의 사이에 한랭전선이 만들어졌습니다. 그리고 강한 비를 내린 전선이 동쪽으로 빠져나가야 하는데, 그 길목을 이 고기압이 가로막아 전선이 우리나라에 장시간 머물면서 계속 비를 내렸습니다.

이처럼 우리나라에 1년 동안 내리는 강수량과 강수시기에 큰 변화가 생겼습니다. 물론 기후변화 때문입니다. 연 강수량 자체는 해마다 적잖게 변하는데 장기적으로는 증가하는 경향입니다. 그런데 계절별로 강수량 변화를 조사해보면, 강수량이 증가한 계절도 있고 감소한 계절도 있습니다. 원래 비가 많이 왔던 여름과 가을에 강수량이 더 늘었고, 가뭄이 들던 겨울과 봄에 강수량이 더 줄었습니다. 그래서 여름과 가을에 홍수 피해가, 겨울부터 봄까지 가뭄 피해가 늘고 있습니다. 강수량은 늘었지만 그것이 수자원으로 활용되지 못하고 피해를 주는 셈인데, 해가 갈수록 비가 폭우 형태로 내리는 날이 늘고 있기 때문입니다.

장마 기간에 폭우가 내릴 때도 과거에 비하여 아주 좁은 영역에 집중적으로 내리는 형태로 변하고 있습니다. 장마전선 상에서 좁은 띠를 이루는 영역에서 비가 집중되는 경향이 강해지고 있습니다. 이를 '선상 강수대'라고 하는데, 선상 강수대로 인한 큰 홍수피해는 해외에서도 점점 늘고 있습니다.

또 과거에는 장마 기간에 연 강수량의 절반 이상이 내렸는데 1990년대 이후로는 장마가 끝난 후에 비가 더 많이 내리고 있습니다. 그리고 장마 기간에도 장마전선에 의한 강수량보다 대기 불안정으로 내리는 소낙비의 양이 더 많아지고 있습니다. 소낙비로 많은 비가 내릴 때는 아주 협소한 지역에 집중 호우가 발생하여 큰 홍수피해를 내기도 합니다. 소낙성 강수나 선상 강수대에 의한 비는 강수 형성 시기가 불규칙하고 강수가 집중되는 영역이 협소해 기상청에서 예보하는 데 어려움이 따른다는 점도 홍수피해를 키우는 원인이 됩니다.

장마 기간에 선상 강수대가 발달하여 큰 홍수피해를 가져왔던 가장 최근의 사례로 2020년 여름을 들 수 있습니다. 2020년의 장마는 우리나라 기상관측 역사상 가장 기간이 길었고 비도 많이 내렸습니다. 이 장마 기간에 내린 강수량은 우리나라에 1년간 내리는 총강수량(약 1,200mm)의 약 60%나 되었습니다. 그 결과로 전국 각지에서 홍수피해가 컸는데 특히 남부지역에서 큰 피해가 났습니다. 섬진강과 낙동강의 둑이 터지고 범람한 강물에 마을이 잠겨 많은 인명과 재산 피해가 났습니다.

2023년 7월 중순에도 전남지역에서 경상북도 북부지역에 걸쳐 선상 강수대가 발달하여 폭우가 내렸습니다. 군산에는 3일간 500mm 넘는 폭우가 내렸고, 문경과 예천 등에서는 산사태가 나서 인명피해를 냈습니다. 충북 오송에서는 지하 터널 도로가 침수되어 차에 타고 있던 수많은 사람이 목숨을 잃었습니다.

우리나라의 장마는 대략 6월 하순에 시작해 7월 중순에 끝납니다. 과거에는 장마가 끝나면 초가을에 짧은 우기가 나타날 때까지 맑고 무더운 날이 이어졌습니다. 그런데 기후위기의 영향이 본격적으로 나타나기 시작한 최근에는 8월부터 9월까지 장마 기간보다 더 많은 비가 내리고 있습니다. 8월 하순부터 9월 중순쯤까지 강한 태풍이 한반도로 상륙해오면서 강풍과 홍수피해를 가져오는 경우도 많습니다.

8월부터 9월에 걸쳐 홍수피해가 심각했던 최근의 대표적인 사례로 2022년을 들 수 있습니다. 2022년 8월 초 서울 강남에 115년 만의 폭우가 내려 도시가 침수되었습니다. 하루 동안 340mm의 비가 쏟아졌습니다. 반지하 공간에 살고 있던 사람들이 목숨을 잃는 안타까운 사고도 발생했습니다.

9월에는 태풍 힌남노HINNAMNOR가 포항과 경주에 폭우를 내려서 포항에서 10명이 숨지고 수천 대의 차량과 1만여 채의 주택이 침수되는 재산피해도 났습니다. 우리나라의 대표적 철강기업인 포스코도 침수되어 장기간 조업이 불가능한 상태에 빠지는 큰 피해가 났습니다. 포항의 인명피해는 많은 비가 내린 것 외에 하천 하류의 강폭을 좁히

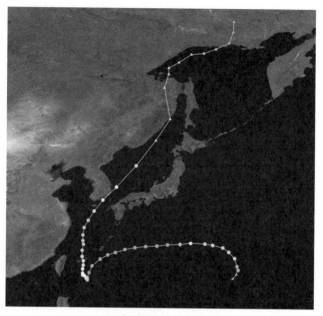

2022년 태풍 힌남노의 이동 경로

고 개발을 한 것에도 원인이 있었습니다. 하천 하류를 좁
혀놓았기 때문에 폭우로 늘어난 강물이 강둑을 넘어서 아
파트 지하 주차장을 덮쳤습니다. 그 물이 차량을 이동시
키려고 지하 주차장으로 들어간 주민들의 목숨을 앗아간
사건이었습니다. 우리 사회는 여전히 자연재해에 대비가
부족하고 안전에 무감각하다는 걸 보여준 사례였습니다.

2023년 장마 기간에도 50명의 인명피해가 났습니다.

당시 폭우가 심각하기도 하였지만, 국토의 막개발과 재해 대응 미숙이 원인이라는 지적이 이어졌습니다.

가뭄

기후변화로 인해 우리나라의 연 강수량이 증가하고 있고, 해마다 내리는 강수량에 변동이 커지고 있습니다. 그리고 1년 동안 비가 내린 날의 수는 모든 계절에서 계속 줄고 있습니다. 아울러 과거부터 강수량이 부족한 계절이던 겨울과 봄철의 강수량은 많이 줄었습니다. 이 같은 변화는 가뭄을 키우는 요인이 됩니다.

실제로 최근 심각한 수준의 가뭄이 자주 발생해 피해가 커지고 있습니다. 특히 2021년 연말부터 2022년 6월 말 장마 시작 전까지 전국적으로 이어진 가뭄과 2022년 겨울부터 2023년 여름까지 이어진 가뭄의 사례를 들 수 있습니다.

2022년 봄철에는 2021년부터 계속된 가뭄으로 산지도 메말라서 전국에서 산불이 동시에 많이 발생해 인력으로 진화할 수 없는 지경에 이르렀습니다. 오랜 산불로 백두대간의 상당 부분의 산림을 잃었습니다. 산불은 3월 4일 경북 울진에서 시작되어 다른 지역으로 번져갔고, 또 다른 지역에서도 새로운 산불이 발생해 전국 15개소에서 동시에 산불이 확산되었습니다. 산불은 3월 14일 봄비가 내려 자연 진화가 될 때까지 이어졌습니다. 백두대간의 북쪽에서 남쪽까지 곳곳이 산불로 피해를 입었는데, 피해 면적이 2만ha를 넘었습니다. 1ha란 가로, 세로 각각 100m의 면적을 말하며 축구장보다 넓습니다. 따라서 2022년 산불로 축구장 2만 개가 넘는 면적의 산림이 화마의 피해를 입은 셈입니다. 그해 가뭄은 장맛비가 내린 6월까지 이어졌고, 6월에 경남 밀양에서 다시 큰 산불이 나기도 했습니다.

가뭄은 2022년에 이어 2023년에도 발생했고, 특히 호남지방을 중심으로 한 서남해안 지역에서 심각했습니다. 2023년 5월 하순 슈퍼태풍 마와르MAWAR가 일본열도 남쪽으로 지나면서 우리나라에 일시적으로 정체전선을 만들어 많은 비를 내렸는데, 그때까지 가뭄이 이어졌습니다. 서남해안의 도서 지역에는 배로 식수를 공급해야 했는데 가뭄이 심할 때는 1주일에 1회만 공급할 수 있었습니다. 도시 지역에서도 오랜 기간 제한 급수를 했습니다. 광주 등에 식수를 공급하는 주암댐이 거의 메말라버리는 지경이 되어 대체 식수원 개발을 서두르기도 했습니다.

가뭄으로 하천수가 급속히 줄어드는 바람에 낙동강에서는 녹조 번성이 1개월가량 앞당겨졌습니다. 낙동강은 영남지역의 식수원인데 수질이 안 좋을수록 수돗물로 만들 때 염소사용량이 늘어나는 등 공정이 복잡해집니다. 또, 부차적으로 트리할로젠 등의 유해 물질이 생기고 소독 냄새도 남게 되어 식수로서의 품질이 낮아집니다.

폭염

우리나라도 폭염으로 인한 피해가 크게 증가하고 있습니다. 하지만 우리나라에서 여름철에 나타나는 일 최고기온 33℃ 이상의 고온은 엄밀한 의미에서 폭염이라고 말할 수 없습니다. 국제적으로 폭염은 '열파heat wave'라고 불립니다. 열파는 대륙 규모 정도의 광범위한 영역에서 2주 이상 고온이 이어지는 현상을 말합니다.

최근 유럽, 북미 서부지역, 인도 등에서 장기간 지속되며 큰 인명·재산 피해를 초래한 고온이 열파에 해당합니다. 우리나라에서 국제사회 기준으로 열파에 해당하는 폭염이 나타난 여름철이라면 1994년과 2018년 정도를 들 수 있습니다. 소위 말하는 '역대급 폭염'이 장기간 이어진 해입니다.

최근 지구촌 곳곳에서 과거에 경험해보지 못한 엄청난 열파(폭염)가 발생하고, 그로 인해 대규모 인명·재산 피해가 매년 되풀이되고 있습니다. 이것이 지구의 기온상승과 밀접한 관련이 있다는 것은 말할 것도 없습니다.

미국 항공우주국NASA이 기상관측기기를 사용해 기상현상을 관측하기 시작한 1850년대 이후 최근까지 170여 년 동안 지구 기온이 가장 높았던 상위 10년을 조사해보았는데, 모두 2010년 이후의 해였습니다(2011년과 2012년 제외). 그만큼 최근 기온상승 속도가 더 빨라지고 있고, 그만큼 폭염으로 인한 인명피해와 산불 발생도 크게 늘고 있습니다.

우리나라의 여름철 이상고온 일수도 1990년대 중반 이후 빠르게 늘고 있습니다. 폭염경보 수준의 고온(일 최고기온 35℃ 이상) 일수가 그전에는 대체로 1년에 3일 이하였는데, 그 후로는 1년에 10일 이상인 경우가 많아졌습니다. 특히 2018년에는 30일을 훌쩍 넘기도 했습니다.

과거의 더위가 생활에 불편한 수준이었다면, 오늘날에는 사람의 건강을 해치고 목숨까지 앗아가는 살인적인 수준으로 변했습니다. 실제로 매년 많은 사람이 고온 질환을 앓고 목숨까지 잃고 있는 상황입니다. **기후재해 중에서**

재산피해를 가장 많이 발생시키는 것은 폭풍이고, 사람의 목숨을 가장 많이 앗아가는 것은 폭염입니다. 그래서 미국에서는 폭염을 '조용한 살인자silent killer'라고 부릅니다.

정부와 국회는 매년 폭염으로 인한 인명·재산 피해가 빠르게 증가하고 있는 상황을 감안하여 2018년 폭염을 자연재해 대상 항목으로 새롭게 추가하는 입법조치를 했습니다. 폭염으로 고통받고 목숨까지 잃는 사람 중에는 취약계층이 압도적으로 많습니다. 폭염을 자연재해로 지정한 것도 이들 취약계층을 정부가 나서서 도와야 한다는 목소리가 높아졌기 때문입니다.

2018년 전국에 폭염경보가 한 달 정도나 이어졌고, 중부지역을 중심으로 우리나라 일 최고기온 40℃를 훌쩍 넘어가는 날도 몇 차례 있었습니다. 우리나라 기상관측 역사상 가장 무더운 여름이었습니다. 당시 4,500명 이상의 온열질환자가 발생했고 목숨을 잃은 사람도 48명이나 되었습니다. 예방의학 전문가들의 연구에 의하면, 2018년 여름에 폭염 사망으로 집계되지는 않았지만 더위로 기저질환이 악화되어 사망에 이른 사람이 2만 명을 넘었다고 합니다. 폭염으로 수만 명의 인명피해가 발생했다고 보도되는 외국의 경우도 그 피해자들 대부분은 노약자입니다.

그런 점에서 우리나라에서 폭염으로 목숨을 잃는 사람의 수는 질병관리본부나 통계청에서 발표하는 것보다 훨씬 많다고 보는 것이 타당하다고 생각합니다.

2018년에 폭염이 기승을 부린 것은 다른 해에 비해 세력이 강했던 북태평양고기압과 티베트고기압이 우리나라 상공을 오랜 기간 지배하여 상공에서 지상으로 강한 하강기류가 발달했기 때문입니다. 고기압 하에서는 하강기류가, 저기압 하에서는 상승기류가 발생합니다. 상공에서 공기가 1km 하강할 때마다 부피 압축 효과로 온도가 10℃나 상승합니다.

그리고 하강기류가 발달하면 지상에서 뜨거운 지표의 열을 받아 가열된 공기가 올라가지 못하고 지상에 머물게 됩니다. 이럴 때는 한낮에도 상승기류가 발생하지 못하기 때문에 구름이 생기지 못하고 소낙비조차 내리지 않습니다. 상공의 고기압에서 하강하는 공기로 인한 이 현상을 '솥뚜껑 효과' 또는 '열돔Heat Dome 효과(현상)'라고 부릅니다. 외신이 전하는 **지구촌 곳곳의 놀라운 폭염의 발생에는 공통적으로 열돔 현상이 관여합니다.** 2018년 여름 우리나라도 열돔 현상의 무서움을 체감할 수 있었던 셈입니다.

한파

지구온난화로 인한 평균기온의 상승은 '겨울 〉봄 〉가을 〉여름'의 순서로 높게 나타나고 있습니다. 겨울철의 기온상승이 가장 높다는 뜻입니다. 그렇지만 어떤 해에는 과거에 겪어 보지 못했던 한파가 밀려오기도 합니다. 지구온난화 현상을 감안하여 심어놓은, 과수를 포함한 수목이 저온을 견디지 못하고 죽어버리기도 합니다.

최근 우리나라의 겨울은 온난한 날이 많지만 가끔 엄청난 한파가 나타나기도 합니다. 그러한 사례로 2023년의 겨울을 들 수 있습니다. 대한(1월 20일)을 지나고 며칠 후 설 명절을 기다렸다는 듯이 북극한파가 덮쳐서 전국이 꽁꽁 얼어붙었습니다. 러시아-우크라이나 전쟁으로 연료비가 폭등한 상황이라 사람들은 충분한 난방을 할 수 없어 추위를 견뎌내기 더욱 힘들었습니다. 한파로 -24.8℃까지 기온이 떨어졌는데, 이것은 1990년의 -24.7℃와 2001년의 -26.7℃에 버금가는 추위였습니다. 차가운 북서풍이 서해의 바닷물을 증발시켜 눈구름을 만들어 호남과 제주도에 폭설을 쏟아붓기도 했습니다.

이 한파는 기온이 매우 낮았다는 사실 외에도 주목할 점이 있었습니다. 우리나라에서 겨울철에 맹추위가 기승을 부린 사실 자체는 그다지 놀라운 일이 아닐 수 있습니다. 사실 2021년 1월에도 서울에 -18.2℃의 한파가 몰아쳤습니다. 과거에도 서울에서 -15℃ 이하의 추위를 기록한 날이 적지 않았고 한강도 꽁꽁 얼곤 했습니다. 그렇다면 2023년의 한파는 무엇이 문제였을까요? 그것은 한파의 원인이 과거와 다르다는 것입니다.

우리나라는 전형적인 계절풍지대로, 여름철은 일본 남쪽 해상에 중심을 둔 북태평양고기압이, 겨울철은 시베리아대륙에서 발달하는 시베리아고기압이 지배한다는 사실은 초등학교 교과서에도 잘 설명되어 있습니다. 지금까지 우리나라의 겨울철 한파는 북위 45~50도에 중심을 둔 시베리아고기압 세력이 강해져 우리나라를 지배할 때 나타났습니다. 북극권은 북위 66.3도 이북을 가리키므로 시베리아고기압이 만들어지는 중심지는 북극권이 아닙니다.

시베리아대륙은 북쪽, 서쪽, 동쪽으로 높은 산맥으로 둘러싸여 있고 남쪽 해양 방향으로만 열려있는 지형입니다. 그래서 겨울철에 지표가 심하게 냉각되면 그 지표 위에 쌓여 있던 공기도 냉각되어갑니다. 냉각 시간이 길어지면 하층 1km 부근까지 -30℃ 이하의 차가운 공기가 쌓여갑니다. 차가운 공기는 수축되어 밀도가 높은 무거운 공기이기 때문에 저지대로 흘러가게 됩니다. 시베리아대륙에서 만들어진 찬 공기는 우리나라를 지나 적도 부근까지 내려갑니다. 지대가 높은 곳에 내린 비가 저지대로 흘러가는 것과 같은 원리입니다. 그것이 시베리아 한파입니다. 시베리아의 차가운 공기가 남쪽 해상으로 빠져나간 후엔 다시 그곳에 차가운 공기가 집적될 때까지 휴지기가 나타납니다. 이 휴지기에 우리나라는 바람이 약해지고 기온이 올라갑니다. 이런 공기흐름이 주기적으로 반복되기 때문에 겨울철에 삼한사온 현상이 나타나곤 합니다.

그런데 2023년 설 명절에 덮친 한파는 시베리아대륙에서 지표냉각이 원인이 되어 만들어진 것이 아니라, 북극권의 찬 공기가 제트기류를 남쪽으로 밀어내면서 내려온 것이 원인이었습니다. 2022년 12월 크리스마스 시기에 북극에서 찬 공기가 미국 남부지역까지 내려와서 미국 전역에 한파와 눈 폭풍을 만들어 20여 명의 인명사고와 180만여 가구의 단전사고를 일으킨 이상기후 현상이 있었습니다. 우리나라에 닥친 북극한파는 미국을 덮친 그것보다는 약했지만 극심한 한파가 만들어진 원인은 같았습니다.

이렇게 북극한파가 기승을 부리게 된 것은, 기후변화로 북극권의 기온이 올라 찬 공기의 세력이 약해진 탓입니다. 제트기류는 북극권의 찬 공기와 남쪽의 따뜻한 공기 간의 경계입니다. 두 지역의 기온 차이가 클수록 제트기류는 강해집니다. 제트기류가 강해야 북쪽의 찬 공기가 특정 경도대로 치우치지 않고 북극을 중심으로 대칭적으로 분포합니다. 제트기류가 북극의 찬 공기를 가둬두는 그릇의 역할을 하는 셈입니다. 그릇이 딱딱하고 튼튼하면 물이 그릇 속에 고이 담겨 있지만 그렇지 않으면 그릇 속의 물이 특정 방향으로 흘러 그릇의 모양을 일그러뜨리게 되는 것과 같은 이치입니다.

기후변화로 북극권이 고온화되었고, 그 결과로 남쪽과 북쪽 공기 간에 온도 차이가 줄면서 제트기류가 약해졌습니다. 그러자 제트기류는 특정 경도대에선 남쪽 저위도까지 치우치게 되고 그곳으로 북극의 찬 공기가 내려가게 되었습니다. 반면에 다른 경도대에선 남쪽의 따뜻한 공기가 북극권까지 올라가기도 합니다. 우리나라와 미국에서 엄청난 한파가 기승을 부릴 때 유럽 전체가 고온이었고 폴란드와 스위스에선 여름 수준의 기온이 나타나기도 했습니다. **경도대에 따라 한파와 이상고온이 대조적으로 나타난 것인데, 바로 제트기류의 약화가 가져오는 전형적인 현상이라고 할 수 있습니다.**

우리나라로 상륙하는 태풍은 어떨까?

태풍의 발생과 그 위력

태풍은 북태평양의 서쪽 열대 해역에서 발생한 초속 17m 이상의 풍속을 동반하는 열대성 저기압 소용돌이를 가리킵니다. 태풍이 유지되는 데 필요한 에너지는 수증기가 응결하여 물방울로 바뀔 때 방출되는 열입니다. 물이 수증기로 증발할 때는 주변의 열을 흡수하고, 수증기가 응결하여 물방울로 변할 때는 그만큼의 열을 방출합니다. 자동차가 휘발유를 연소시킨 열로 이동하듯이 태풍은 수증기를 응결시킨 열로 발달하고 유지됩니다.

그래서 태풍이 발생하고 발달하려면 해수 온도가 28℃ 이상으로 높아서 수증기가 많이 발생하고, 전향력이 작용하는 해양이어야 합니다. 적도는 전향력이 작용하지 않아서, 고위도는 해수 온도가 낮아서, 태풍이 발생하고 발달할 수 없습니다. 태풍은 연중 발생하며 그 수는 연간 25개 정도지만 열대 해양의 해수 온도가 높은 7월부터 10월까지 집중적으로 발생합니다.

태풍은 북태평양에서 북위 5~25도, 동경 120~150도의 넓은 영역에 걸쳐 발생합니다. 태풍이 많이 발생하는 계절(7~10월)에 열대 해양에는 남쪽과 북쪽에서 불어오는 바람이 만나 수렴하는 영역이 만들어집니다. 이 수렴 영역을 '열의 적도전선'이라 부르기도 합니다. 이 수렴 영역이 잘 발달하는 해에 태풍이 많이 생깁니다. 이 수렴대의 위치는 봄부터 초여름까지는 북위 10~20도 부근, 7~9월에는 북위 20~30도 부근으로 북상합니다. 장래 지구온난화로 해수 온도가 상승하면 태풍의 발생 위치는 보다 고위도로 북상하여 우리나라로 근접해 올 수 있습니다.

태풍은 엄청난 에너지를 갖습니다. 중간 규모의 태풍이 갖는 운동에너지는 대략 수소폭탄의 100배, 2차 세계대전 말 일본의 나가사키와 히로시마에 투하된 원자폭탄의 수만 배에 상당하다고 합니다. 또 규모 7의 대지진보다 50배나 큰 운동에너지를 갖고 있습니다. 태풍 내에서 운동에너지의 분포는 태풍 중심에서 10~30km 정도 떨어진 곳에서 최대로 나타나고 이보다 안쪽이나 바깥으로 갈수록 작아지는 것이 보통입니다.

이렇게 막대한 운동에너지의 원천은 해수면에서 증발한 수증기가 태풍 내에서 상승해 응결할 때 생기는 응결열입니다. 수증기 1kg이 응결할 때 2.5×10^6 Joule의 에너지가 나옵니다. 이것은 약 600kcal이고, 밥 3공기 정도의 열량에 해당합니다. 태풍이 지날 때 내리는 엄청난 양의 강수량을 생각해보면 태풍이 얼마나 많은 에너지를 가졌는지 상상해 볼 수 있습니다. 태풍 중심에서 300km 정도 벗어나면 강수량이 하루에 1mm 정도밖에 안 되지만, 중심 부근에서는 하루에 수백 mm 이상의 엄청난 비가 내립니다. 우리나라의 연평균 강수량은 1,200mm 내외인데 태풍이 지나갈 때면 하루에 보통 400~500mm의 비가 내리고, 슈퍼태풍의 경우는 하루에 1,300mm 이상의 비가 내리기도 합니다. 이렇게 많은 강수량이 곧 태풍의 엄청난 위력을 만들어내는 원천입니다.

태풍의 역할

태풍은 지구의 고·저위도 간의 에너지 불균형을 해소

해주는 중요한 역할을 합니다. 지구는 둥글어서 지상의 동일 면적이 받는 태양에너지 양은 저위도일수록 많고, 고위도일수록 적습니다. 태양 빛과 지표면이 이루는 각도가 달라지기 때문입니다. 지구는 둥글어서 본질적으로 저위도는 에너지 과잉, 고위도는 에너지 부족 상태가 됩니다. 이를 방치하면 지구는 양극단의 고온과 저온 상태로 변해버립니다. 바람이 불고 해류가 흘러 이 열적 불균형을 끊임없이 해소하고 있습니다. 그럼에도 불구하고 덜 해소된 열적 불균형을 해소하는 역할을 하는 것이 태풍입니다.

아울러 태풍은 온대저기압에 의한 비로는 부족한 중·고위도 지역의 강수량을 보충해주는 역할도 합니다. 지구의 물 수지를 살펴보면 육지는 강수량보다 증발량이 훨씬 많습니다. 그 부족분은 바다에서 증발한 수증기가 육지로 수송되어 비로 내려 해소됩니다. 그런데 바다에서 증발한 수증기가 대기 대순환에 의해 해안선에서 멀리 떨어진 내륙까지 수송되기는 어렵습니다. 대기로 증발한 수증기는 대체로 해발고도 3km 내외에서 응결되어 금방 비로 내리기 때문입니다. 그래서 세계지도를 살펴보면 해안에서 가까운 지역만 녹색이고 그 외의 지역은 대부분 건조지역입니다. 이런 이유로 중·고위도의 내륙지역은 태풍이 물을 공급하지 않으면 물 부족에 처하게 됩니다. 2023년 여름 태풍이 비를 가져오지 않은 서해안 지역에서 2024년에 장기간 물 부족을 겪은 것도 그러한 이치입니다.

태풍은 해양환경에도 아주 중요한 역할을 합니다. 물은 전자기파를 잘 흡수하는 특성이 있어서 햇빛의 상당 부분은 해양 표층 부근에서 흡수됩니다. 햇빛도 전자기파의 일종입니다. 그래서 강한 햇살이 쏟아지는 여름철, 중·저위도 해양은 표층수의 수온이 크게 높아져서 열적 안정 성층이 만들어집니다. 그러면 해수의 상하 혼합이 막혀서 해양환경이 악화됩니다.

'4대강' 사업 이후 여름이면 낙동강에 '녹조 라떼'라고 불릴 정도로 뻑뻑한 녹조가 번성합니다. 그러면 태양빛이 강의 표층에 집중 흡수되어 표층 수온이 많이 오릅니다. 그래서 열적 안정 성층이 되어 상하층 간에 혼합이 멈추게 되고, 강 하층은 무산소 상태로 변하여 혐기성 박테리아만 생존할 수 있는 죽음의 강으로 변합니다. 남해안에 적조가 생길 때도 비슷한 상황이 됩니다. 이럴 때 태풍이 와서 큰 파도를 만들어내면 파고만큼의 반경을 갖는 해수 원운동이 발생하고, 상하 혼합이 이뤄집니다. 태풍은 연안 해역의 해양오염을 해소해주는 일등 공신입니다.

점점 무섭게 변해가는 태풍

지구온난화는 대기층을 안정화하는 역할을 합니다. 그래서 태풍의 발생 수가 줄어듭니다. 태풍은 중심에서 기압이 낮고 소용돌이 운동을 하는 저기압으로 강한 상승기류를 갖는데, 대기가 안정될수록 상승기류가 발생하기 어려운 환경이 만들어집니다. 대기가 안정되어 있다는 말은 공기의 상하 혼합이 억제된 상태라는 뜻입니다.

반면에 지구온난화로 인한 해수 온도 상승과 대기의 풍속분포 변화는 태풍의 강도를 더욱 강화하는 요인이 되고 있습니다. 그래서 앞으로의 태풍 활동은, 발생 횟수는 줄고 강도는 강해진다고 예측할 수 있습니다. 다만 태풍의 발생 수는 해역에 따라 큰 편차를 보인다는 지적도 있습니다. 우리나라를 포함한 동아시아에 영향을 미치는 해역에서는 발생 수도 늘어날 것이라고 합니다.

태풍의 강도 분류는 나라마다 다릅니다. 우리나라는 현재 [중] [강] [매우 강] [초강력]의 4단계로 구분하고 있습니다. 이 중 가장 강한 태풍인 초강력은 태풍의 최대풍속(1시간 평균)이 초속 54m 이상에 도달했을 때를 가리킵니다. 미국은 5단계로 분류하는데, 가장 강한 단계가 카테고리 5입니다. 이에 해당하는 것을 슈퍼태풍이라고 합니다. 초속 67m 이상(시속 240km 이상)인 경우입니다. 강수량도 1,300mm를 넘어섭니다. 우리나라에 이런 태풍이 상륙한다면 과연 안전할 수 있을까요? 지구온난화로 해수 온도가 점차 높아지면 태풍이 한반도로 상륙할 때까지 우리나라 남해안의 해수 온도도 높은 상황이 됩니다. 태풍은 지구환경에 꼭 필요한 고마운 존재입니다. 그런데 **장래의 태풍은 엄청난 인명과 재산을 빼앗는 무서운 얼굴로 다가올 겁니다. 우리가 온실가스를 너무 많이 방출해 해양 온도를 높여놓았기 때문입니다.**

사실 우리나라에 슈퍼태풍이 상륙할 뻔한 상황이 과거에도 여러 번 있었습니다. 최근 사례로 2019년과 2022년 가을에 발생했던 슈퍼태풍 하기비스와 난마돌을 들 수 있습니다. 미국과 일본의 기상청이 이들 태풍의 예상 진로가 한반도를 향하는 것으로 발표하기도 했습니다. 다행히 그 태풍들이 한반도로 향한 시기에 북쪽에서 찬 공기가 강하게 내려와서 경로가 급히 일본으로 변경되었던 겁니다. 우리나라가 그동안 슈퍼태풍의 피해를 입지 않은 것이 천만다행일 뿐, 슈퍼태풍이 우리나라로 올라올 수 있는 기후조건은 이미 만들어져 있습니다.

농업과 어업에는 어떤 문제가 생기고 있을까?

기후위기란 각종 기후재해가 빈번하게 발생해 인간 삶과 자연생태계를 파괴하는 상황을 말합니다. 사람들은 극심한 기후재해를 견뎌낼 방도를 어느 정도 갖추고 있지만 자연생태계는 무방비로 노출될 수밖에 없습니다. 특히 기후 상태에 크게 의존하는 농업과 어업은 기후위기에 가장 취약한 산업입니다. 그만큼 우리의 식량 사정이 위험해지고 있습니다. **그래서 사람들은 기후위기는 곧 식량 위기라고 말합니다.** 여기서는 기후위기와 자연생태계의 대멸종 문제 그리고 때 이른 봄철 고온화와 그로 인해 사라지는 꿀벌이 가져올 농업 피해 문제를 소개합니다. 아울러 해수 온도 상승과 폭우로 인한 연안 양식업의 피해 문제도

살펴봅니다.

기후위기와 자연생태계 대멸종

21세기로 접어들면서 지구온난화로 인한 극한 이상기후 현상이 두드러지기 시작했습니다. 그리고 해가 갈수록 더욱 충격적인 기후재해가 지구촌 곳곳에서 증가하고 있습니다. 그 영향은 우선 자연생태계에 크게 미치고 있고 인간의 삶도 위험에 빠뜨리고 있습니다. 현재의 지구생명체는 지금의 기후조건에서 살아갈 수 있는 존재입니다. 과거 오랜 지구 역사 동안에 대규모의 기후 격변만 다섯 차례 있었고, 그때마다 당시 생존해 있던 지구생명체들은 대멸종하였습니다. 대멸종이란 당시 생존해 있던 생물종의 30% 이상이 사라지는 현상을 말합니다.

2021년 2월 발간된 유엔환경계획UNEP의 지구환경보고서Making peace with nature는 기후변화와 환경오염의 영향으로 생물종 다양성이 심각하게 훼손되고 있다고 말합니다. 과학자들의 연구에 의하면 현재 지구의 동식물이 사라지는 속도는 지구 역사상 대멸종 규모가 가장 컸던 고생대의 페름기와 중생대의 백악기 때와 비슷하다고 합니다. 약 2억 5,000만 년 전의 고생대 페름기에는 육상생물의 약 70%, 해양생물의 약 96%가 멸종한 것으로 추정됩니다. 약 6,500만 년 전의 백악기는 공룡이 멸종한 시기로 잘 알려져 있습니다.

과거 5차례의 대멸종은 지각변동이나 천문학적 요인에 의한 환경 격변이 원인이었습니다. 그런데 지금 진행되고 있는 6번째 대멸종은 오롯이 기후위기를 부른 인간의 책임입니다. 지구의 기온이 일정 수준 이상으로 올라가면 지금 지구를 덮고 있는 식물들이 생존할 수 있는 적정 온도 범위를 벗어나게 됩니다. 또 대기와 해양은 무너진 온도 균형을 되찾으려고 격렬한 변화를 시도합니다. 그것이 극한 이상기후 현상입니다. **일정 수준 이상의 온도 상승과 극한 기후 현상은 자연생태계를 파괴하여 대멸종을 만듭니다.** 생태계 대멸종은 곧 인간 멸종의 문제로 연결됩니다. 농업과 어업의 위기도 자연생태계가 기후위기로 위험해지는 상황과 궤를 같이하는 문제로 생각할 수 있습니다.

우리나라의 계절변화

기상청은 지난 30년 동안의 일평균기온으로 계절을 구별합니다. 여름은 일평균기온이 20℃를 넘는 기간, 겨울은 일평균기온이 5℃ 이하인 기간을 말하며, 봄과 가을은 일평균기온이 5℃보다 높고 20℃보다 낮은 기간입니다.

기상청은 이 기준을 따라 우리나라에서 기상관측이 이뤄진 최초의 30년(1912~1941년)과 최근의 30년(1988~2017년)을 대상으로 계절이 어떻게 변했는지 조사해보았습니다. 조사 결과에 의하면 최근 30년은 과거 30년에 비해 여름은 19일 길어지고 겨울은 18일 짧아졌습니다. 겨울이 18일 짧아진 것은, 겨울이 과거에 비해 5일 늦게 시작되고 13일 일찍 끝나기 때문입니다. 반면에 여름은 과거보다 10일 일찍 시작되고 9일 늦게 끝납니다. 여름에 해당하는 일수가 19일 늘어나면서 117일이나 되어 이제는 약 4개월이 여름철인 셈입니다.

과거에는 일 년 중 가장 긴 계절이 겨울이었는데, 최근에는 여름으로 바뀌었습니다. 겨울에 해당하는 일수는 짧아져서 약 3개월로, 봄철의 길이와 비슷해졌습니다. 가을에 해당하는 기간은 과거나 최근이나 모두 약 2개월로 가장 짧습니다. 그리고 최근의 가을은 과거보다 더 늦게 시작되고 더 늦게 끝납니다.

꿀벌의 멸종과 농업

기상청의 계절 구분 기준에 의하면 우리나라 봄철의 길

이는 과거와 최근이나 비슷합니다. 하지만 봄이 과거에 비해 일찍 시작되어 일찍 끝나고, 그만큼 여름이 일찍 시작된다는 것이 다릅니다. 봄이 일찍 시작되니 개화기도 앞당겨졌습니다. 과수원의 꽃이 피는 시기가 꿀벌의 정상적인 활동기보다 훨씬 빨라졌습니다. 그래서 충분히 성숙하지 못한 새끼 벌들이 꿀을 얻으러 나섰다가 체력고갈로 도중에 죽는 일이 많이 발생합니다. 2021년 봄에 약 75억 마리의 꿀벌이 희생되었고, 2022년과 2023년 봄에는 100억 마리 이상이 폐사했다고 합니다.

꿀벌의 집단 폐사 문제는 기후위기가 곧 인간의 위기라는 사실을 직시하게 만든 사건이라고 할 수 있습니다. 유엔 식량농업기구FAO에 따르면 전 세계 100대 농산물 중 약 71%가 꿀벌을 매개로 수분이 이루어집니다. 꿀벌이 사라진다면 100대 농산물 생산량이 현재의 29% 수준으로 줄어들 수 있다고 합니다. 또한 꿀벌의 도움을 받지 못해 인공수정으로 농사를 짓기 시작하면 식량 가격도 폭등하게 됩니다. **봄철에 꿀벌이 사라지는 현상은 기후위기가 인간생존의 위기라는 사실을 자연이 우리에게 전하는 경고입니다.**

봄철 기후변화가 농업에 피해를 주게 되는 원인은 봄이

빨리 시작된다는 것에만 있지 않습니다. 고온과 저온이 불규칙하게 나타나는 사례가 많아졌다는 점이 더 큰 문제입니다. 3월에 25℃를, 4월에 30℃를 넘는 고온 현상이 자주 나타나고 있으며 5월에도 폭염특보가 종종 발령될 정도로 고온화되었습니다. 이런 고온화 경향 중에 가끔은 과거에 겪어 보지 못한 한파가 돌연 나타납니다. **기후위기의 대표적 특성은 이처럼 기후변동성의 확대입니다.** 고온과 저온, 홍수와 가뭄, 무풍과 폭풍이 종잡을 수 없이 출현합니다. 사람들은 이런 현상에 문명의 이기를 이용하여 웬만큼 버텨내지만 자연은 그렇지 못합니다. 사람은 도시에 살고 있더라도 자연을 서식처로 생존하고 있는 것입니다. 자연이 대멸종으로 접어들면 농업도 버텨낼 수 없습니다. 결국 우리 인간도 버틸 수 없습니다.

해양 고온화와 어업

거의 매년 이른 봄철부터 세계 곳곳에서 폭염에 시달린다는 소식이 들려옵니다. 고온 현상이 일찍 시작되고 폭염이 더 오래 기승을 부리는 시기가 되었습니다. 이런 고온 현상은 해양도 예외가 아닙니다. 세계기상기구WMO에 의하면 2022년 전 세계 해양 면적의 약 60%가 1회 이상 해양열파를 겪었다고 합니다. 해양열파란 넓은 영역에 걸쳐 해수 온도가 갑자기 2℃ 이상 올라 2주 이상 지속되는 현상을 말합니다. 해양생물은 육상생물보다 온도변화에 훨씬 민감하게 반응합니다. 해양열파가 발생하면 해당 해역에 사는 해양생물에 치명적인 피해가 발생합니다. 해양열파의 출현을 포함해 해양 고온화 현상이 가장 심각한 해양이 바로 우리나라와 일본 주변입니다. 해수 온도 상승은 육상에 접해있는 연안과 섬으로 외해와 분리된 내안에서 더욱 극명하게 나타납니다.

우리나라는 연안과 내안을 이용한 양식업이 발달한 대표적인 나라입니다. 그래서 고수온으로 인한 양식업의 피해가 큽니다. 폭염이 가장 심각했던 2018년에는 양식장 피해가 전남지방에서만 800억 원을 넘어섰습니다. 2023년에는 4월부터 이상 고수온 현상이 발생해 피해를 키웠습니다. 우리나라 양식업 피해의 80% 이상이 고수온 현상으로 발생하고 있습니다.

서남해 연안에서는 폭우로 해수 염분이 낮아져서 피해가 생기기도 합니다. 기후위기로 과거와 달리 짧은 시간 동안 엄청난 폭우가 내리면서 연안 지역의 해수 염분이 낮아져 주로 해조류와 조개양식에 큰 피해를 보고 있습니다. 태풍이 중국으로 진입해 많은 비를 내릴 때는 싼샤댐에서 대량 방류가 이뤄지는 경우가 발생합니다. 그럴 때는 서해의 광범위한 지역에서 염분 농도가 낮아져 해양 플랑크톤 농도에도 영향을 미칩니다. 해양생태계 전체에 피해를 주는 셈입니다.

4

환경오염과 전염병도 기후위기의 영향일까?

기후위기와 환경오염

기후위기와 대기환경용량

대기오염은 배출하는 오염물질의 양 외에 풍속과 강수, 즉 환경용량에 의해서도 달라집니다. 환경용량이란 자연이 오염물질을 정화할 수 있는 능력을 말합니다. 대기오염이 심각한 지역도 태풍이 지날 때 바람이 강하게 불고 비가 많이 내리면 대기가 청정한 상태가 됩니다. 대기의 환경용량이 커졌기 때문입니다. 잉크(환경오염물질) 한 방울을 물에 떨어뜨려 희석할 때 물의 양이 많을수록 농도가 낮아지는 것과 같은 이치입니다. 하천의 환경용량은 유량이 많고 유속이 빠를수록 커집니다.

대기의 환경용량은 풍속이 강할수록, 대기의 상하 혼합이 잘 이루어질수록, 비가 자주 많이 내릴수록 커집니다. 그런데 **대기 중의 온실가스 농도가 증가할수록 대기는 더욱 안정화되어 상하 혼합이 어려워지고 풍속이 약해집니다.** 비가 내리는 일수도 자꾸 줄어듭니다. 즉 대기의 환경용량이 작아지게 됩니다. 지구온난화가 진행될수록 연간 태풍 발생 수가 감소한다고 하는 것도 대기의 안정화 때문입니다. 그렇게 되면 대기오염 배출량을 지금보다 유의미하게 줄여도 대기오염은 정체되거나 더 나빠지게 됩니다.

대기환경용량을 악화시키는 요인 중에서도 풍속이 약해지는 것이 가장 큰 문제입니다. 풍속 감소는 곧 '대기 정체'의 문제이기 때문입니다. 미세먼지 경보가 발령되는 날, 특히 국내발 고농도 미세먼지가 나타나는 경우는 동서고기압대가 장기간 위치하여 풍속이 아주 약해지는 날이 대부분입니다. 동서고기압대란 중국대륙에서 동해에 걸쳐있는, 긴 타원형으로 생긴 고기압을 말합니다. 이 고기압이 우리나라를 지배하며 풍속이 약하고 맑은 날이 수일간 이어집니다. 대기 정체 현상, 즉 풍속이 지속적으로 감소하는 현상에 대해서는 국내 연구진들도 잘 인식하고 있으며, 그 원인에 대해서도 연구가 많이 이루어지고 있습니다.

풍속이 약해지고 있는 것은, 도시에서는 우후죽순으로 들어서는 고층 건물의 영향이 크지만 그 외의 지역에서는 지구온난화 현상, 즉 기후위기가 원인입니다. 기후위기로 풍속이 약해지는 과정은 다음과 같습니다. 대기와 해양에 대순환이 존재하는 것은 지구상의 공간적 열 불균형을 해소하기 위함입니다. 대순환을 이루는 해류와 바람이 강해지려면 고·저위도 간에 열적 불균형이 커야 합니다. 그런데 지구온난화로 인한 온도 상승은 저위도보다 고위도에서 훨씬 극명하게 나타납니다. 그 결과로 이제는 겨울철에 모스크바의 기온이 우리나라 부산보다 높다는 보도가 나오고, 위도 60도 부근에서 30℃를 훌쩍 넘는 고온이 나타나기도 합니다. 고위도와 저위도 간의 온도 차이가 줄어들면 기압 차도 줄어듭니다. 기압 차는 기온 차로 결정되기 때문입니다. 기압 차가 줄어든 것에 비례하여 풍속도 줄어들어 대기환경용량이 줄게 됩니다.

기후위기와 장래의 대기오염

기후위기로 풍속이 감소해 대기가 정체되고, 그 결과로

미세먼지 농도가 더욱 높아지고 있다는 연구 결과가 중국에서 많이 나오고 있습니다. 특히 난징대학 연구팀은 서해와 가까운 중국 동부 지역에 겨울철의 고농도 스모그를 만드는 대기 정체 현상의 원인이 동아시아 겨울철 계절풍의 약화에 있다는 사실을 알아냈습니다. 유라시아대륙 중심부에서 동쪽 바다 방향으로 부는 이 북서계절풍의 약화가 대기 정체를 낳는다는 지적입니다. 이 계절풍은 우리나라에 영향을 주는 것과 동일합니다. 이 계절풍이 약해지고 있는데, 그 원인이 지구온난화에 있다는 말입니다. 지구온난화로 북극권의 기온이 크게 올라 고위도와 중위도 사이의 기온 차가 줄면서 미세먼지가 기승을 부리는 겨울철에 부는 북서계절풍이 약해진 겁니다.

그렇다면 북서계절풍의 약화는 고농도 미세먼지의 발생에 얼마나 영향을 끼쳤을까요? 난징대학 연구팀은 2015년 12월 중국 북동부 지역(베이징, 톈진, 허베이성)에서 발생한 최악의 고농도 미세먼지 발생 사례를 분석했습니다. 당시 베이징을 비롯한 곳곳에서 하루 평균 초미세먼지 농도가 세계보건기구WHO 권장 기준($25\mu g/m^3$)의 20배인 $500\mu g/m^3$ 이상 치솟았습니다. 당시 고농도 미세먼지가 자주 발생하자 언론이 '살인 스모그'라는 별칭을 붙

였을 정도입니다. 베이징 주재원들도 현지 근무를 꺼렸고, 학교와 공장도 문을 닫았습니다. 고속도로에서는 미세먼지로 시정이 극도로 악화되어 차량 수십 대가 연쇄 추돌하는 사고가 벌어지기도 했습니다. 연구팀은 이보다 앞서 2013년 1월에 발생했던 비슷한 수준의 스모그 현상도 같이 분석했습니다.

연구팀은 2018년 2월 국제학술지 《지구물리학 리서치 레터》에 발표한 논문에서, 지구온난화로 풍속이 감소해 미세먼지 농도가 2013년 1월 사례에서 45% 이상, 2015년 12월 사례에서 27% 이상 증가했다고 밝혔습니다.

그들은 다양한 기후모델을 이용하여 온실가스 농도 증가가 없었다고 가정한 경우와 현재와 같이 온실가스 농도가 증가한 경우를 가정한 수치 모의실험을 수행하여, 대기 정체 현상으로 인한 고농도 미세먼지 농도 가중효과를 평가할 수 있었습니다.

또 다른 주목할 만한 연구 성과로 2017년 3월 《네이처》에 발표한 난징대학 연구팀의 연구가 있습니다. 그들은 인류가 지금처럼 온실가스를 계속 배출하는 시나리오에서 21세기 중·후반(2050~2099년)에 예상되는 기후 상황을 15개 기후모델로 계산하여 얻었습니다. 그리고 그

값을 20세기 중·후반(1950~1999년)에 나타났던 기후와 비교하여 그 차이를 분석하였습니다. 그 결과 기후위기가 더욱 심각해질 21세기 중·후반에는 2013년 1월처럼 고농도 스모그가 발생하기 좋은 기상 조건의 발생 빈도가 50% 이상, 발생 기간은 80%나 증가할 수 있다는 결론을 얻었습니다. **기후위기는 대기환경용량을 악화시켜 대기오염을 심각한 수준으로 만들어가고 있다는 진단이었습니다.**

미세먼지의 위험성

미세먼지는 2013년 세계보건기구가 1급 발암물질이라고 발표한 유해대기오염물질입니다. 2016년 세계보건기구 유럽지역사무소와 경제협력개발기구OECD가 조사한 결과에 의하면 실내외 미세먼지 오염으로 인한 각종 질병과 조기 사망에 따른 경제적 손실액이 유럽에서만 연간 1조 6,000억 달러에 이릅니다. 이 손실액은 유럽 전체 GDP의 10%에 근접합니다.

조사 대상 지역의 인구 중에서 세계보건기구의 대기오염기준($10\mu g/m^3$)을 초과하는 지역에 사는 인구가 90%를 넘었습니다. 야외 공간의 미세먼지 영향으로 호흡기질환, 혈관질환, 뇌졸중, 폐암 등을 앓아 조기 사망하는 인구가

48만 2,000여 명에 이르는 것으로 조사되었습니다. 여기에 더해, 실내 대기오염으로 사망하는 인구도 11만 7,000여 명으로 나타났습니다. 2019년 세계보건기구는 전 세계에서 연간 420만여 명이 야외의 높은 미세먼지 농도가 원인이 되어 사망하고, 380만여 명이 실내 공기오염으로 사망하고 있다고 평가한 바 있습니다.

미국 일리노이대학의 슈퍼나겔 교수는 2019년 《청정기술Clean Technica》에 기고한 글에서 미세먼지가 인체의 거의 모든 장기에 악영향을 끼친다고 하더라도 놀랄 일이 아니며, 만일에 아직도 그런 목록에 들어가 있지 않은 장기가 있다면 그것은 아직 연구가 이뤄지지 않았기 때문일 것이라고 말했습니다. 미세먼지가 만병의 근원이라는 말과 다르지 않습니다. 이렇게 인체에 위험한 **미세먼지도 기후위기가 원인이 되어 장래에는 더욱 심각해질 수 있다는 평가가 나오고 있습니다.**

기후위기와 수질오염

유명 과학 학술지 《사이언스Science》의 2021년 3월호 표지에 대머리수리가 연근해에 사는 청어를 낚아채 창공을 날고 있는 사진이 실렸습니다. 연근해로 강물이 흘러들면

시아노박테리아도 연근해로 유입됩니다. 청어가 시아노박테리아를 먹으면 독성물질에 오염됩니다. 시아노박테리아가 배출한 독성물질에 오염된 청어를 잡은 독수리는 그걸 먹고 죽게 됩니다. 이 사진에 딸린 질문은 '진정한 최강의 포식자는 누구인가?'였습니다. 먹이사슬의 최상위에 있는 독수리까지 죽일 수 있는 시아노박테리아가 진정한 포식자가 아니냐는 물음이었습니다. 사람도 조심하지 않으면 독수리와 같은 운명을 피할 수 없습니다. 30억 년 전에 광합성을 하는 생명체로서 최초로 지구에 나타났던 식물성 조류인 시아노박테리아가 최강의 포식자로 등장하고 있다는 경고입니다. 남아프리카 보츠와나 등에서 이 독성조류가 만들어낸 독성물질로 코끼리가 떼죽음을 당하고 독성물질에 오염된 물고기를 먹은 새들도 떼죽음을 당했습니다.

동물만이 아닙니다. 오하이오주립대 연구팀에 의하면 미국의 하천과 호수에서 시아노박테리아가 광범위한 영역에 걸쳐 번성하게 되었고, 그런 지역과 그 물이 흘러드는 연안 지역을 따라서 비 알코올성 간질환자가 빠르게 증가하고 있다고 합니다. 이 연구팀은 우리나라 4대강 사업으로 보가 들어선 하천 유역을 따라 독성조류 번성과

비 알코올성 간질환자 발생과의 관련성을 조사한 논문을 2019년 국제학술지에 발표하기도 했습니다. 4대강 사업이 종료된 후인 2013년부터 녹조라고 불리는 클로로필-a가 많이 증가하였고, 그 영향으로 4대강 유역을 따라 비 알코올성 간질환자 수도 증가하였다는 결과를 내놓았습니다.

호수나 유속이 느린 하천에서 발생하는 담수조류는 엽록소를 갖고 광합성을 하는데 규조류, 녹조류, 남조류, 기타 조류로 구분합니다. 이 중에서 독성조류와 관련이 깊은 남조류(시아노박테리아)는 수온이 20℃ 이상으로 높을 때 출현합니다. 남조류 중에서 마이크로시스티스, 아나배나, 오실라토리아, 아파니조메논은 냄새도 역하고 독성물질을 배출하기 때문에 독성조류로 분류됩니다. 여름철 조류 번성기에 낙동강 하류 등에서 창궐하는 마이크로시스티스는 간에 치명적 해를 끼치는 마이크로시스틴을 생성하며 발진이나 구토, 설사, 두통, 고열, 간 종양을 유발합니다.

이들 독성물질은 오염된 물로 생산한 농산물과 바람 등을 통해 전파됩니다. 공기 중에서 코나 눈 등을 통해 인체에 흡수되어 피해를 일으킵니다. 오염된 물에 노출되는 시간이 긴 농민들의 피해가 가장 크고, 오염된 농산물을 섭취하는 소비자들도 피해를 볼 수 있습니다.

조류의 발생은 수온, 일조량, 영양염류 농도 및 유속에 의존합니다. 이들 조건이 충족될 때 조류가 번성합니다. **기후위기로 기온이 상승하고 갈수기가 길어지면 독성조류는 큰 위협으로 다가옵니다.** 4대강 사업으로 하천의 유속이 매우 약해져 사실상 거대 호수로 변했고 물이 정체하는 댐의 수도 많은 우리나라는 기후변화로 기온이 상승하고 여름 갈수기가 길어지면 이런 독성조류로 치명적 피해를 볼 수 있습니다. 보로 인한 수질오염 문제가 가장 심각한 낙동강의 경우, 매년 5월부터 9월 사이에 '녹조 라떼' 수준을 넘어 이젠 '녹조 죽'이라 불릴 만큼 녹조로 강물이 뻑뻑해지는 지경입니다. 이 시기가 되면 많은 언론에서 앞다투어 녹조 문제를 보도하지만, 사람들이 그 심각성에 대해 제대로 알고 있는지 의문입니다.

전염병 증가

기후위기가 만드는 전염병 확산

인류가 지구상에 출현한 이래 인간 멸종을 우려할 만한 심각한 기후위기가 여러 차례 지나갔습니다. 그때의 기후위기는 기온의 한랭화 현상 때문이었습니다. 다행히도 그들이 기후위기를 매번 슬기롭게 극복한 덕분에 위기가 지난 후에 오히려 큰 도약을 이룰 수 있었습니다. 지금 인류가 맞고 있는 3대 위기인 기후위기, 환경오염, 전염병 증가도 인류의 멸종 또는 새로운 번영을 결정지을 갈림길이 될 것으로 생각합니다.

기후변화, 역병 창궐 그리고 환경오염 문제가 자연생태계와 인간에 미치는 영향은 서로 다르지만 그것의 발생 원인은 모두 산업혁명 이후 급증한 인간 활동에 있다는 점에서는 같습니다. 코로나19와 같은 전염병이 기후위기와 인구증가 그리고 교역의 활성화로 크게 증가할 수 있는 호조건이 조성되었습니다. 그래서 지금을 '전염병의 황금시대'라고 부르기도 합니다.

코로나19가 기승을 부리기 시작할 때 세계 석학들, 종교인, 정치지도자들이 모두 포스트코로나 시대를 준비해야 한다고 목소리를 높였습니다. **그들이 내린 처방은 자연과의 공생, 보편복지의 세상, 경제 성장을 중시하는 주류경제의 탈피로 요약할 수 있습니다.** 이 3가지 처방이야말로 기후변화와 환경오염에 대한 근본적 대책이라 말할 수 있습니다.

인류가 이 처방을 흔쾌히 따를 수 있다면 지금의 위기는 인류의 미래에 오히려 축복으로 기록될지도 모릅니다. 그러나 코로나19가 끝나가기 무섭게 전 세계는 다시 경제 활성화에 매달리고 있습니다. 코로나19 시기에 잠시 줄어들었던 이산화탄소 배출량도 원래 상태로 돌아갔습니다. 기후위기 문제를 다루는 국제기구에선 '우리는 잘못된 길로 가고 있다'고 한탄합니다. 유엔환경계획은 기후위기에 대응할 수 있는 기회가 닫혀가고 있다고 말합니다. 이런 상황이라면 기후위기가 더욱 악화되고 새로운 전염병이 기승을 부릴 조건이 조성될 것입니다.

코로나19와 같은 바이러스가 만드는 전염병은 특정 기후조건을 갖춘 한정된 지역의 풍토병으로 존재하다가 기후변화로 그곳과 유사한 기후조건을 갖춘 지역이 생겨나면 매개 생물을 이용해 그런 곳으로 확대되어갑니다. 새로운 장소에 사는 사람들은 그 전염병에 대해 항체가 없기에 큰 피해를 보게 됩니다. 또 전염병의 대유행 가능성은 교통의 발달로 사람과 물자의 교류가 활발해져서 더욱 높아졌습니다. 기후변화와 활발한 국제 교류 그리고 인구팽창에 따른 자연 수탈 행위는 전염병이 황금시대를 맞이하는 큰 기회로 작용합니다.

풍토병과 고대 바이러스

풍토병이란 어떤 제한된 지역에 한정해서 발생하는 경향을 보이는 전염병을 말합니다. 예를 들어 과거에 말라리아는 아프리카 내륙지역과 같은 열대지역에서만 발병했는데, 말라리아 원충을 운반하는 모기anopheles의 서식지와 일치했습니다. 이 모기의 서식지는 기온과 강수량 등의 특정 기후조건을 갖춘 지역에 한정됩니다. 그래서 말라리아는 질병과 기후와의 관련성을 언급할 때 자주 인용되는 사례입니다.

최근 기온상승으로 풀숲에 사는 진드기 개체 수가 증가하면서 쓰쓰가무시병이 기승을 부리고 있는데, 농촌 노인들에게 치명적인 영향을 끼치고 있습니다. 그리고 흰줄숲모기 성충이 번성하여 지카 바이러스가 전국적으로 퍼지는 것도 기후위기의 영향입니다.

열대지역에는 열대병이라 불리는 다양한 질병이 존재하며, 주로 고온다습한 지역에서 유행합니다. 졸림병, 황열黃熱병, 뎅기열 등이 이에 속합니다. 이 중에서 말라리아는 이미 우리나라에서도 환자가 종종 발생하고 있는 실정입니다. 우리나라에도 널리 알려진 황열병, 뎅기열 같은 전염병은 일본까지 상륙해 있습니다.

이 외에도 1930년대 말에 사라졌던 웨스트나일 바이러스가 유럽과 미국에서 1990년대 말부터 다시 유행하여 사람들을 긴장시키고 있습니다. 이 바이러스는 사람의 뇌에 손상을 입히는 탓에 두려움의 대상입니다. **이 바이러스처럼 과거에 사라졌던 것이 다시 유행하는 것도 기후변화로 과거 바이러스가 유행하던 때의 기후가 복원되었기 때문일 가능성이 큽니다.** 지구 온도는 1930년대 말부터 1980년대 초까지 약 40년 동안 지속적으로 내려갔는데, 웨스트나일 바이러스가 유행했던 1937년경은 20세기 중 기온이 가장 높았던 시기였습니다. 기온 하강기를 맞아 사라졌던 바이러스가 지구온난화로 기온이 상승한 1990년대 말에 다시 나타난 것입니다.

아주 오랜 옛날 고온 환경에서 맹위를 떨쳤던 각종 바이러스가 기온 하강기를 맞아 양극 지방의 빙하 속에 숨어있을 가능성이 있는데, 그것을 고대 바이러스라고 부릅니다. 고대 바이러스가 기후변화로 기온이 상승하면 활성화되어 재유행할 수 있다는 우려가 나오고 있습니다. 북극의 영구동토층이 녹으면서 잠들었던 미지의 미생물이 나온다는 사실은 기후변화에 따른 전염병 유행이라는 점에서 최근 주목받고 있습니다.

열대우림 파괴도 우리나라 기후에 영향을 줄까?

열대우림의 가치

지구환경문제를 다루는 유엔환경계획에 따르면 지구에는 약 1,400만 종의 생물이 존재합니다. 그중 지금까지 실제로 확인된 생물종은 약 13%인 175만 종 정도에 불과합니다. 국제자연보존연맹IUCN은 이들 생물종의 74~84%가 열대지역에 있는 것으로 추정합니다. 국제자연보전연맹은 자연과 천연자원을 보전하는 일을 하는 국제기구입니다.

열대지역에 존재하는 생물종의 약 50%는 열대우림에 있는데, 열대지역에 있는 국가들은 대부분 개발도상국이고 이 국가들의 개발행위로 생물종이 크게 위협받고 있는 실정입니다. 전 세계 원시림 면적은 1990년대 이래로

8,000만ha나 줄었는데, 이 면적은 우리나라 국토의 8배에 이릅니다. 산업혁명 이후 전 세계 원시림의 약 80%가 훼손되었고 이 중 절반 정도는 식물이 살지 않는 사막 지역으로 변해버렸습니다. 열대우림은 지구 전체 육지 면적의 7%를 차지하지만, 지구에 존재하는 생물종의 1/3 이상이 그곳을 기반으로 살아가고 있어서 열대우림의 파괴는 지구 생물다양성 훼손과 직결됩니다.

유엔식량농업기구^{FAO} 보고서에 의하면 지난 2010년부터 2018년까지 전 세계에서 파괴된 산림은 780만ha에 이르는데 산림파괴 원인의 절반이 농경지 확대라고 합니다(유엔식량농업기구 통계, 2020). 산림파괴가 가장 심각한 지역은 남아메리카와 아프리카이며, 산림 중에서도 열대우림의 파괴가 가장 심각했습니다. 지난 20년간 (2000~2019년) 파괴된 전 세계 산림의 90% 이상이 열대우림이었습니다. 열대우림은 왕성한 광합성 작용으로 대기 중의 이산화탄소를 흡수하고 산소를 배출해 '지구의 허파'라고 불려왔습니다. 하지만 **이젠 아프리카에 있는 콩고의 열대우림을 제외하고는 탄소배출량보다 흡수량이 더 많은 열대우림은 존재하지 않습니다.**

3개 대륙 75개국에 걸쳐있는 열대우림에는 약 2,500억 톤(25 Gt)의 탄소가 저장된 것으로 추정되고 있는데, 이 양은 인간 활동으로 배출되는 연간 탄소량(약 9 Gt)의 약 3배에 해당합니다. 열대우림을 지켜야 그곳에 저장된 막대한 양의 탄소가 대기로 방출되는 치명적 사고를 막을 수 있습니다.

열대우림의 번성과 파괴

전 세계 열대우림의 상당 부분을 차지하는 곳은 남미 여러 나라에 걸쳐있는 아마존 열대우림입니다. 아마존에 엄청난 양의 숲이 존재할 수 있는 이유로 크게 두 가지를 들 수 있습니다. 첫째는 사하라사막으로부터 미네랄 성분이 대량 공급되기 때문입니다. 사하라사막에서 거센 모래바람이 불면 엄청난 양의 흙먼지가 만들어지는데, 이것을 '사하라 황사'라고 부릅니다. 이 흙먼지가 남미대륙에 있는 아마존 우림으로 불어 가는데, 이 흙먼지 속에는 식물의 성장에 꼭 필요한 미네랄 성분(칼슘, 칼륨, 인 등)이 풍부하게 들어있습니다. 중국 황토고원에서 만들어진 흙먼지가 우리나라로 불어오는 황사현상과 비슷합니다. 열대우림지역은 무척 덥고 강수량이 많아서 땅속의 미네랄 성분이 씻겨나가는 용탈작용leaching이 심해 토양이 무척 척

박합니다. 따라서 열대우림의 토양에는 식물 성장에 필요한 비료 성분이 거의 없음에도 아마존은 세계 최대의 열대 밀림을 이루고 있는데, 이것은 순전히 사하라 황사가 공급하는 미네랄 성분이 있어서 가능한 일입니다. 성가시게만 느껴지는 황사도 지구생태계 유지에 중요한 역할을 하는 셈입니다. 자연에나 인간 세상에나 소용없는 존재는 없는 법입니다.

아마존 열대우림이 번성할 수 있는 두 번째 이유는 열대우림이 매우 넓어 그곳에서 증발한 수증기의 상당량이 그곳에서 비로 내리기 때문입니다. 아마존 우림지역 강수량의 절반 정도는 그곳에서 증발한 수증기가 응결하여 비로 내린 것입니다. 따라서 아마존이 파괴되어 열대우림의 면적이 줄어들면 그곳에 내리는 강수량이 점차 줄어들어 기후 자체가 건조기후(사바나기후)로 변하게 됩니다.

1990년대 이후 아마존의 파괴는 더욱 가팔라지고 있습니다. 하루에 축구장 면적 3,000개 이상에 해당하는 숲이 불태워지고 있습니다. 주로 목장을 만들고 가축에게 먹일 목초와 곡물을 얻기 위한 화전 때문입니다. 열대우림을 태워 목장과 밭을 일구면 용탈작용이 쉽게 발생해 수년 내에 사용할 수 없는 박토로 변해버립니다. 이를 대신

할 더 넓은 화전을 만들어가야 합니다. 지금처럼 아마존이 계속 훼손되면 금세기 중·후반쯤엔 아마존 우림지역의 강수량이 줄어서 사바나기후지대로 변한다는 연구 결과가 나오고 있습니다. **지구의 허파 아마존 열대우림이 인간의 탐욕으로 사라질 위기에 처해있습니다.**

아마존 열대우림과 우리나라 기후

2023년 초 세계적인 과학 잡지인 《네이처 기후변화 Nature Climate Change》는 아마존 열대우림의 환경변화가 티베트고원에 미치는 영향을 평가한 중국 과학자들의 논문을 소개했습니다. 아마존 열대우림에서 대규모로 숲을 태우면 엄청난 양의 분진(먼지와 검댕)이 만들어지고, 이 분진이 대기의 대순환으로 티베트고원까지 날아갑니다. 아마존에서 만들어진 분진이 티베트로 날아가는 데 걸리는 시간은 불과 2주 남짓입니다. 티베트 설원에 분진이 떨어지면 빙하 표면의 햇빛 반사율이 감소하여 온도 상승이 조장됩니다. 티베트의 기온상승은 그곳의 빙하 감소를 재촉하게 되고, 빙하가 감소할수록 태양에너지 흡수량은 더욱 증가하는 상승작용이 생기게 됩니다.

그렇게 티베트의 환경이 변해가면 어떤 영향이 생길까

요? 우선 봄철에 티베트고원의 빙하가 녹아 흐르는 물에 의존해 살아가는 수십억 인구에게 큰 재앙이 될 것입니다. 고고학 조사에 의하면 그 지역에서는 고원지대에서 빙하가 녹아 흐르는 물의 양이 크게 변함에 따라 강의 위치도 변하고 강물이 마지막으로 모여드는 호수의 위치도 큰 변화를 겪었습니다. 그에 따라서 문명의 번영과 쇠퇴가 되풀이되었습니다.

티베트고원의 고온화가 가져올 두 번째 영향은 세계 곳곳에 이상기후를 만들어내는 것입니다. 티베트고원이 고온화되면 태양고도가 높아지는 봄철 이후부터 그곳에 거대한 열적 고기압이 만들어집니다. 그 고기압이 제트기류를 북쪽으로 밀어 올립니다. 그러면 2022년에 인도와 유럽에서 발생한 지독한 폭염, 가뭄과 같은 기후재해가 나타납니다. 여름철에 그 고기압이 동아시아까지 확장해오면 2018년 여름에 우리가 겪었던 엄청난 폭염과 가뭄이 나타나게 됩니다. **먼 곳에서 생긴 기후재해로 인한 영향은 그곳에 한정되지 않습니다.** 기후위기로 북극곰과 남극 펭귄에게 닥친 고난도, 열대우림에 사는 뭇 생명들의 멸종도, 곧 우리의 문제로 다가옵니다. 만물동근萬物同根, 세상은 하나의 뿌리라는 생각을 기억하며 살아야겠습니다.

2장

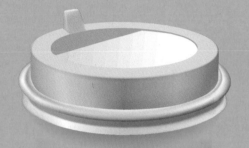

북극곰과
남극펭귄의 불행,
우리와
무슨 상관일까?

남극과 북극의 기후는 어떻게 변했을까?

극지방의 빠른 지구온난화 속도

대기 중 온실가스의 증가로 지구대기의 연평균 온도는 산업화 이전에 비해 1℃ 정도 오른 것으로 알려져 있습니다. 그런데 기온상승의 정도는 지역에 따라 차이를 보입니다. 위도에 따라서도 큰 차이를 보이는데, **고위도 지역 지상 기온의 연평균 온난화는 지구 평균보다 훨씬 빠릅니다.**

지난 50년 동안(1971~2019년) 북극의 연평균기온은 3.1℃ 올랐는데, 이것은 지구 평균의 3배나 됩니다. 가장 최근에 나온 IPCC기후변화에 관한 정부 간 협의체 6차 보고서에서도 고위도의 빠른 기온상승 경향은 장래에도 이어질 것으로 전망하고 있습니다.

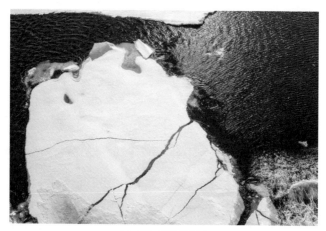

녹고 있는 북극의 해빙

　**기온상승이 고위도 지역에서 더 높게 나타나는 원인으로
설빙이 녹아내리는 효과를 들 수 있습니다.** 고위도 지역은
많은 부분이 대륙 빙상(면적 5만km² 이상의 대륙 빙하)이
나 바다의 해빙으로 덮여 있는데, 지구온난화로 기온이
상승하면 설빙이 녹아 설빙이 덮는 지표면 면적이 줄어들
게 됩니다. 설빙은 흰색이고 태양 빛의 약 60% 이상을 반
사합니다. 이 설빙이 녹아내리면 거무스름한 색을 띤 지
면이나 해수면이 드러나고 태양 빛 흡수가 늘게 됩니다.
지표면을 덮고 있던 설빙이 녹으면 태양 빛에 대한 반사
율이 3배 이상이나 낮아져서 태양 복사에너지를 그만큼

더 많이 흡수하게 됩니다. 그 결과로 지표면과 해수면의 온도가 더욱 빨리 올라가는 효과가 나타납니다. 특히 해수면은 지구 표면에서 태양 빛을 가장 잘 흡수합니다.

대기 중 온실가스 증가로 기온이 오르게 되면 고위도의 얼음이 덮는 면적이 줄고, 이 효과로 다시 지표면의 태양 복사에너지 흡수가 늘어나서 기온이 더 빠르게 오르는 상승작용이 일어나게 됩니다. 과거에는 설빙의 두께가 두꺼워서 이것이 녹아내리고 지표면이 드러나기까지 시간이 오래 걸렸습니다. 그러나 현재의 고위도 설빙은 10년 전에 비해서도 그 두께가 훨씬 얇아져 있습니다. 그래서 매년 설빙이 사라지고 지표와 해수면이 드러나는 면적이 크게 늘고 있습니다.

해류와 파도도 해빙이 사라지는 데 기여합니다. 북극해에는 '보퍼트 순환', '북극 횡단류'라고 불리는 해류가 있습니다. 고위도의 기온과 수온 상승이 문제로 대두되기 전에는 해빙이 이들 해류에 실려 여러 해에 걸쳐 북극해를 떠돌면서 오히려 얼음 두께가 더 두꺼워지는 '다년빙Multi-Year ice'으로 성장했습니다. 다년빙이란 해빙이 수년 이상 녹지 않고 바다에 떠다니는 것을 가리킵니다. 그런데 오늘날에는 지구온난화로 해빙이 얇아지고 작아지고 흩어지면서 해류의 영향을 강하게 받아 북극해에서 외부로 흘러가는 모양으로 변했습니다. 또 해빙이 사라진 바다에서 파도가 일게 되었습니다. 이 파도가 떠돌아다니는 해빙끼리 부딪히게 만들어 붕괴가 더 빨리 발생하도록 만듭니다. 그러면 해빙은 더 빨리 녹아 사라지게 됩니다. 오늘날 북극해에는 다년빙이 많이 사라지고, 해빙이 만들어진 후 1년 안에 녹아 사라지는 일년빙이 주를 이루고 있습니다.

북극과 남극의 이상고온 현상

최근에 나타난 놀랄 만한 극지방의 고온 현상으로 2021년 8월 그린란드 빙상 정상에 사흘간 (눈이 아닌) 비가 내린 사건을 들 수 있습니다. 그린란드는 지금도 전체 면적의 3/4 이상이 빙상으로 덮여 있습니다.

그린란드에는 미국 국립설빙데이터센터NSICD가 운영하는 기상관측소 '서밋 스테이션Summit Station'이 있습니다. 서밋 스테이션은 해발 3,216m에 있고, 1년 중 기온이 가장 높은 시기에도 영하 10℃ 정도로 내려가는 혹한의 장소입니다. 비는 그린란드를 덮고 있는 빙상의 정점인 서밋 스테이션에서 시작되었고 사흘에 걸쳐 더 넓은 지역으로

NSICD가 운영하는 기상관측소 '서밋 스테이션'

확대되어 내렸습니다. 눈이 아닌 비가 내렸다는 사실은 이곳 기온이 영상이었다는 사실을 말해줍니다. 실제로 강수가 시작된 시점의 기온은 0.48℃였는데, 이것은 관측소가 만들어진 이래 사상 처음으로 기록된 영상 기온이었다고 합니다.

NSICD는 사흘 동안 그린란드 빙상에 내린 강우량이 총 70억 톤에 이를 것으로 추정했습니다. 비가 내린 첫날에 87만 2,000km², 이튿날에 75만 4,000km², 사흘째 되던 날에 51만 2,000km² 면적의 빙상이 녹아내렸습니다. 이 양은 과거 8월 중순에 발생했던 평균적인 빙상면적 손실보

2020년 6월 그린란드 빙하의 해빙

다 7배나 많은 것이었습니다. 우리나라 육지 면적이 약 10만km^{2}라는 사실과 비교해 보면 그것이 얼마나 대단한 규모였는지 짐작해볼 수 있습니다. **이 사건을 두고 구테흐스 유엔사무총장은 "지구가 우리 눈앞에서 어떻게 변화하고 있는지를 보여준다. 바다 깊은 곳부터 산 정상까지, 전 세계 생태계와 지역사회가 황폐화되고 있다"라고 말했습니다.**

그린란드에서는 여름철(6~8월)에는 빙상이 녹아 바다로 흘러 들어가고, 여름을 제외한 다른 계절에는 육상의 빙상면적이 다시 늘어나는 과정이 반복됩니다. 그리고 연평균 빙상면적이 점점 늘어나는 기간과 줄어드는 기간이 주기적으로 반복되어왔습니다. 그런데 2000년대 이후로 지구의 온도 상승이 빨라지면서 연평균 빙상면적이 계속 감소하고 있고 해수면의 높이도 지속적으로 올라가고 있습니다. 빙상면적이 증가하는 기간은 사실상 사라졌습니다.

고위도 지역에 예상을 훨씬 뛰어넘는 엄청난 고온이 나타나는 사건은 2022년에도 이어졌습니다. 2022년 3월에도 북극과 남극에서 동시에 그 이전에 볼 수 없었던 이상고온이 관측되어 기후학자들을 깜짝 놀라게 했습니다. 남극에서는 평년 기온보다 약 40℃, 북극 지역은 약 30℃나 높은 기온이 나타났던 겁니다. 3월 18일 해발고도가 3.4km나 되는 남극의 콩코르디아에서 −12.2℃가 기록되었는데, 이는 같은 시기의 과거 평균기온보다 약 40℃나 높은 기온이었습니다. 이날 연안에 있는 트라노바 지역에선 7℃를 기록하여 빙점(0℃)을 훌쩍 넘어섰습니다. 동일한 시기에 북극 부근 일부 기상관측소에서는 평년보다 약 28℃나 높은 영상의 고온이 기록되었습니다.

3월 18일에 나타난 남극대륙 전체 평균기온은 지난 20년(1981~2000년) 평균보다 약 4.8℃ 높았고, 같은 날 북극권 전체 평균기온은 지난 20년(1981~2000년) 평균보다 약 3.3℃ 높았습니다. 이날 전 지구 평균기온은 지난 20년(1981~2000년) 평균보다 0.6℃ 높았습니다.

북극과 남극의 생태계는
어떤 영향을 받고 있을까?

북극과 남극지방

북극과 남극지방은 북극점과 남극점을 중심으로 그 주변 지역을 가리킵니다. 북극지방을 북극권이라 부르기도 합니다. 다음 그림에서 점선 원으로 표시된 지역이 북극권이며, 대부분은 북극해이고 약간의 영토가 8개국에 걸쳐있습니다. 남극지방은 한반도 면적의 약 60배에 해당하는 남극대륙과 남극해라 불리는 해양으로 이루어져 있습니다.

북극해의 얼음은 해수의 결빙으로 만들어졌고, 남극대륙 위의 빙상은 약 2,500만 년 동안 내린 눈의 결빙으로

북극권: 원으로 표시된 지역

만들어졌습니다. 북극해의 얼음은 두께가 수 미터에 불과하지만, 남극대륙 위의 빙상은 두께가 평균 약 2km에 이르고 가장 두꺼운 빙상은 약 5km에 이릅니다. 남극대륙은 빙상의 무게에 눌려 지반이 약 1km나 침강된 상태입니다. 앞으로 빙상이 녹아가면 서서히 융기하게 됩니다.

물론 북극권도 육상을 덮고 있는 빙상의 두께는 두껍습니다. 북극권의 육상 빙상의 대부분은 그린란드에 있습니다. 그린란드의 3/4 이상을 빙상이 덮고 있습니다. 그린란드 빙상의 규모는 남북 방향으로 2,500km에 이르며 동서 방향으로는 최대 약 1,700km에 이릅니다. 빙상은 두께가 평균 1,500m 정도이고, 중심부가 가장자리보다 두꺼우며 2개의 둥근 지붕 모양으로 솟아 있습니다. 북쪽 지붕이 제일 높은데 해발고도가 3,200m를 넘습니다. 북극권 토양에는 지반의 온도가 2년 이상 0℃ 이하를 유지하는 영구동토가 넓게 분포합니다. 지구상에 존재하는 물의 97.4%는 해수이고 담수는 2.6%밖에 안 됩니다. 2.6%의 담수 중에서 1.76%는 남극과 북극의 빙하로 존재합니다.

북극과 남극의 생태계

북극의 생물로 가장 유명한 것은 북극곰입니다. 북극여우, 북극토끼, 북극늑대, 해마, 사향소, 바다코끼리 등도 북극의 야생동물로 잘 알려져 있습니다. 남극에는 펭귄, 그중에서도 황제펭귄이 유명한데 멸종의 위험에 처해있습니다. 도둑갈매기, 물개, 범고래, 코끼리해표와 웨델해표도 잘 알려져 있습니다.

북극권의 고위도에는 2년 이상 0℃ 이하가 유지되는 토양, 영구동토가 있습니다. 영구동토이며 강수량이 적은

북극을 상징하는 북극곰

툰드라 기후지대에는 이끼 식물과 이끼류가 자랍니다. 영
구동토 중에서 여름이 되어 표면 쪽이 녹는 지역에서는
식물이 자랍니다. 지구온난화로 북극권이 온난화되어 여
름철에 식물이 자라나는 지역이 넓어지고 있습니다. 이런
현상을 북극권 녹화 현상이라고 합니다. 북극권에 식물이
자라는 면적이 넓어질수록 지표가 태양에너지를 흡수하
는 양이 증가합니다. 식물은 태양 빛을 적게 반사하고 많
이 흡수하기 때문입니다. 남극은 아직 식물이 적고 이끼
류가 많습니다. 그러나 지금처럼 온난화가 빠르게 진행된
다면 남극을 방문하는 사람들의 옷과 짐을 통해 옮겨간

멸종위기에 처한 남극의 황제펭귄

식물의 씨앗이 뿌리를 내리면서 원래 남극에 있던 식물들이 사라질 수 있다는 우려가 나오고 있습니다.

최근 북극권의 고온화로 북극해에서 해빙의 생성이 감소하고 있는데, 이것이 북극해 해양생태계를 위협할 수 있다는 연구 결과가 나오고 있습니다. 여름이 지나고 저온의 계절이 시작되면 북극해에서는 해수가 얼어서 해빙이 만들어집니다. 불순물은 물이 어는 데 방해가 되기 때문에 해수가 얼 때는 불순물인 염분이 빠져나가고 담수 상태로 결빙됩니다. 그래서 해빙이 만들어지는 얼음 주변의 바닷물은 표층수의 결빙 과정에서 빠져나온 염분으로 인하여 고염분의 해수가 됩니다. 고염분의 해수는 밀도가 높아집니다. 다음 해에 다시 온도가 높아지는 계절이 되면 얼음이 녹게 됩니다. 얼음이 녹으면 담수가 공급되므로 표층에 저염분의 해수가 만들어집니다. 저염분의 해수일수록 밀도가 작기 때문에, 이 저염분의 해수는 고염분의 해수 위에 놓이게 됩니다. 북극해의 플랑크톤은 이 저염분의 표층수에 있는 영양염류를 섭취하면서 성장해 북극해 해양생태계의 기반을 이룹니다. 따라서 **북극해의 고온화로 얼음 생성이 적어지면 플랑크톤의 성장이 방해받게 됩니다. 곧 해양생태계의 기반이 무너지게 됩니다.** 해양생태계의 붕괴는 해양에 먹이를 의존해 살아가는 북극곰을 시작으로 다양한 육상생태계의 위기로 이어집니다.

남극은 전 세계 해양순환을 만드는 심장

해류는 크게 표층해류와 심층 순환으로 나뉩니다. 표층해류의 흐름은 대기의 바람에 의해 결정되고, 심층 순환은 수온과 염분에 의한 밀도 차이로 발생합니다. 심층 순환은 열과 염분의 차이로 만들어진다고 하여 열염순환이

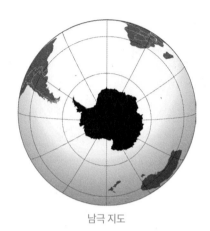

남극 지도

라고도 합니다. 이 심층 순환이 해양의 표층과 심층의 해양생태계에 미치는 영향은 매우 큽니다.

대양의 심층 순환을 만드는 해수의 침강은 주로 북극권의 그린란드 부근 해역과 남극의 웨델해에서 만들어집니다. 그중에서도 남극의 역할이 압도적으로 커서 남극을 전 세계 해양의 해류를 움직이는 심장이라고 부릅니다.

북극권의 그린란드 부근 해역에서 냉각되어 밀도가 높아지고 무거워진 표층해수는 초당 약 2,000만 톤씩 심해로 침강합니다. 침강한 해수는 대서양 심층에서 초속 10cm 이하의 매우 느린 속도로 저위도를 향해 흘러 인도양과 태평양으로 들어갑니다.

남극에서 남극대륙 주변을 순환하는 표층해류를 남극순환류라고 하는데, 이 남극순환류가 웨델해에서 결빙과 냉각 작용을 왕성하게 받아서 무거워집니다. 무거워진 해수가 남극대륙의 경사면을 따라 침강하고, 침강한 해수는 대서양 심층 해수 순환의 원동력으로 작용하고, 동쪽으로는 인도양과 태평양의 심층으로도 흘러갑니다. 남극순환류가 대서양, 인도양, 태평양에 심층 해수를 공급하는 중심축 역할을 하고 있습니다. 남극순환류의 수송량은 초당 1.5억 톤으로 전 세계 강물 수송량의 135배나 됩니다. 남극순환류가 전 세계의 해양 순환이라는 거대한 컨베이어 벨트를 움직이는 엔진과 같은 역할을 하고 있는데, 그 힘의 원천은 남극 기온이 매우 저온이라는 사실에 있는 셈입니다.

표층수가 침강하면서 심해로 산소를 공급하고 심해에서 표층으로 다시 올라올 때 각종 영양분을 표층해수에 공급합니다. 결국 심층 순환으로 심해와 표층의 해양생태계가 살아가는 셈입니다. 그런데 지구온난화로 양극 지방의 온도가 빠르게 상승하면서 해수의 결빙이 감소하고 빙하의 융해가 증가하고 있습니다. 남극에서 빙하가 녹아 바다로 유입되는 담수의 양은 연간 1,550억 톤에 이르는 것으로 추정되고 있습니다. 표층해수의 냉각도 약해지고 있습니다. 그리고 바람도 약해집니다. 이런 영향으로 심층 순환의 약화가 확인되고 있습니다.

호주의 호주국립대학 지구과학연구소와 뉴사우스웨일즈대학 남극과학센터의 공동연구팀은 남극에서 해양 순환이 느려지고 있다는 뚜렷한 증거를 찾아서 제시하였습니다. 남극대륙에서 매년 빙하가 대규모로 녹아 바다로 유입됨으로써 해수의 염도가 낮아지고, 그 결과로 표층해수의 밀도가 낮아지고 있는 사실을 확인했습니다.

연구팀은 2050년까지 온실가스를 지금처럼 배출한다면 남극 심층수가 어떻게 될 것인지를 수치모델로 조사해 보았습니다. 그 결과는 심각했습니다. 남극의 해양 순환이 향후 30년간 40% 이상 느려지고, 결국 남극순환류의 붕괴로 이어지는 것을 확인했습니다. 심층 순환이 망가져서 수심 4,000m 이하의 해수가 이동하지 않게 됩니다. 이렇게 되면 심층으로 산소 공급이 멈추고, 표층에는 심층의 영양분이 공급되지 못하게 됩니다. 표층에서 플랑크톤이 크게 감소하게 되고. 결국 표층 해양생태계가 붕괴되어 버립니다. **남극순환류가 느려지는 것은 사람의 몸에서 심장 기능이 약해지는 것과 다르지 않습니다.**

극지방의 고온화가 우리와 무슨 상관일까?

북극권 고온화와 고대 바이러스

2023년 2월 저명한 국제학술지인 《바이러스》에 프랑스 연구자들이 제출한 흥미로운 연구논문이 발표되어 전 세계 사람들에게 충격을 주었습니다. 연구팀은 시베리아의 7개 영구동토층에서 그동안 알려지지 않았던 13종의 고대 바이러스를 발견했다고 발표했습니다. 그 바이러스들은 약 4만 8,500년 전에 호수 밑에 묻혔을 것으로 추정되었고, 그동안 영구동토층에서 동결상태로 있었습니다. 연구팀은 채취한 영구동토층 샘플에서 여러 종류의 고대 바이러스를 분리해냈는데, 이들 고대 바이러스가 깨어나서 배양한 아메바 세포를 감염시키는 것을 확인했습니다. 옛

날에 사라졌던 바이러스가 다시 깨어나서 감염 활동을 할 수 있는 경우에 이를 '좀비 바이러스'라고 부릅니다.

북극의 급격한 온도 상승으로 영구동토층이 녹으면서 그 안에 잠들어 있던 고대 바이러스들이 깨어날 수 있다는 사실이 확인되고 있는 것입니다. 얼마나 많고 얼마나 무서울지 알 수 없는 좀비 바이러스가 무방비 상태에 있는 인간과 동물의 생명을 위협할 수 있습니다. 연구책임자로 참여한 클라베리 교수는 수만 년 전 활동했던 고대 바이러스들이 영구동토층에서 깨어나도 여전히 감염력을 갖고 있다는 사실은 지금의 인간과 동물에게 심각한 위협이 될 수 있다는 반증이라고 지적했습니다.

고대 바이러스가 사람을 감염시킨 사건도 있었습니다. 2016년 여름 시베리아에서 12세 소년이 감염병에 걸려 목숨을 잃었고, 약 20명의 주민이 소년과 유사한 증상에 시달렸습니다. 그리고 그 마을에서 순록 2,300여 마리가 감염되어 떼죽음을 맞았습니다. 그해 발생한 35℃의 이례적인 폭염으로 100여 년 전 탄저병으로 죽어 영구동토층에 묻혀있던 순록의 사체가 드러난 것이 원인이었습니다. 조사 결과, 순록의 사체에 시베리아 역병으로 알려진 탄저균이 숨어있었다는 충격적인 사실이 발견되었습니다.

양극 지방의 고온화는 고대 바이러스를 창궐시켜 우리의 생명을 크게 위협할 수 있음을 보여주는 사례입니다.

북극권 고온화의 실상과 극한 이상기후

북극권의 기온상승이 중·저위도 지역에 비해 훨씬 높다는 사실은 잘 알려져 있습니다. 이를 '북극 증폭 현상'이라 하는데, 지금까지 북극권의 기온상승은 전 지구 평균에 비해 2~3배 빠른 것으로 알려졌습니다. 그런데 지구과학 분야에서 가장 규모 큰 학술단체인 미국지구물리연합AGU, American Geophysical Union이 2021년 개최한 학회에서, 지금까지 알려진 북극 증폭의 규모를 수정해야 한다는 지적이 나왔습니다. 북극권의 기온상승은 지금까지 알려진 것보다 훨씬 높아서 지구 평균의 4배에 이른다는 것이었습니다.

북극해의 해빙이 여름철에 완전히 사라지는 시기도 지금까지의 전망보다 10년 이상 빨라질 것이라는 연구 결과도 나왔습니다. IPCC는 온실가스 배출량을 대폭 감축하더라도 2040~2060년경이 되면 북극해의 해빙이 여름철엔 완전히 사라질 것으로 전망하고 있습니다.

최근 우리나라 연구진이 북극 해빙 감소에 따른 태양에

너지 흡수 증가 효과를 반영하여 북극권의 지구온난화 가속화를 기후모델로 평가했습니다. 연구진은 향후 온실가스 배출량 감축 성과와 무관하게 IPCC의 전망치보다 10년 이상 앞당겨진 2030~2050년경에 북극해 해빙이 여름철에 완전히 사라질 것이라는 결과를 《네이처》에 발표하였습니다.

이렇게 북극권의 기온상승이 가속화되면 많은 사람이 살아가고 있는 중위도 지역에는 어떤 영향을 미칠까요?

북극권 기온이 빠르게 상승할수록 고위도와 저위도 간의 온도 차가 감소합니다. 온도 차의 감소는 곧 기압 차의 감소로 이어집니다. 남북 간 기압 차가 줄어들면 서에서 동으로 부는 상층 바람의 풍속이 감소하게 됩니다. 즉 상층 제트기류가 약해집니다. 상층 제트기류는 북쪽의 찬 공기와 남쪽의 따뜻한 공기의 경계입니다. 제트기류가 약해진다는 말은 곧 그 경계가 약화된다는 말과 같습니다. 약화된 제트기류의 경로는 남북방향으로 크게 소용돌이치게 됩니다. 즉 북쪽의 찬 공기가 훨씬 남쪽으로 내려가서 한파를 만들어내고, 남쪽의 뜨거운 공기가 북쪽으로 올라가서 폭염을 만들어냅니다. **과거에 겪어 보지 못했던 폭염과 한파가 기승을 부리게 되고, 극심한 가뭄과 홍수도**

발생하게 됩니다.

최근 극단적인 이상기후가 지구촌 곳곳에서 일상적으로 발생하고 있는데, 이런 이상기후의 원인은 북극권 고온화와 밀접한 관련이 있습니다.

남극 고온화와 동아시아 기후 영향

대기 중 온실가스 농도가 증가하여 발생한 열의 90% 이상은 해양에 저장되어왔습니다. 그 열이 해수 온도를 높이고 양극 지방의 빙하를 녹여왔습니다. 지금과 같은 상태로 온난화가 진행된다면 21세기 말에는 남극의 빙붕이 30% 이상 사라질 것으로 전망되고 있습니다.

빙붕은 남극대륙의 빙하가 해양으로 내려와서 바다 위에 떠 있는 부분을 가리킵니다. 빙붕은 대륙 위의 빙하가 바다로 급히 흘러내리는 것을 막아주는 역할을 하고 있습니다. 이런 빙붕이 사라질수록 빙하는 더욱 빨리 바다로 밀려 내려가서 녹게 됩니다. 그러면 해수면 상승 속도가 지금보다 훨씬 빨라지게 됩니다.

그런데 남극에서 빙하가 빠르게 녹아내릴 동안에는 얼음이 녹으면서 열을 흡수하기 때문에 남극해의 수온은 오히려 낮아지는 효과가 발생합니다. 남극해의 수온이 낮아지면 태평양의 수온은 라니냐 현상과 비슷한 양상을 보이는 것으로 알려져 있습니다. 우리나라에 라니냐 시기에 나타나는 기후 현상이 강화된다는 말입니다. **아주 먼 곳에 있는 남극해에 나타나는 지구온난화 효과가 우리나라를 포함한 전 세계의 기후에 영향을 미친다는 사실이 밝혀지고 있습니다.**

극지방 고온화의 원인은 무엇일까?

만년설의 융설 효과

지구의 기후는 크게 온난기와 빙하기로 구분합니다. 그 기준은 만년설의 존재 여부입니다. 현재의 지구 기후는 극지방과 고산지대에 만년설이 존재하는 빙하기이고, 빙하기 중에서 기온이 높은 간빙기에 해당합니다. 따라서 대기 중의 온실가스 농도가 높아져 지구온난화 효과가 발생하면 만년설이 존재하는 극지방에는 '얼음-알베도 되먹임Ice-albedo feedback'이 작동합니다. 이것이 극지방의 기온 상승을 크게 높이는데, 중·저위도 지역에는 없는 현상입니다.

알베도란 태양 복사에너지의 반사율입니다. 자연에서

햇살이 어떤 물체를 비출 때 눈이 편한 것일수록 알베도가 낮다고 생각하면 됩니다. 메마른 모래나 방금 내린 눈 또는 깨끗한 얼음은 맨눈으로 바라보기 매우 불편합니다. 알베도가 높은 물체이기 때문입니다. 스키를 탈 때 반드시 선글라스를 써야 하는 이유입니다. 반면에, 숲이나 먼 바다의 해수는 맨눈으로 봐도 눈이 편합니다. 알베도가 낮기 때문입니다. 알베도가 낮은 물체일수록 태양 빛을 잘 흡수해 열을 많이 만들어냅니다.

지구온난화로 극지방에서 대기 온도가 올라가면 지표면의 설빙이 녹아 설빙으로 덮인 면적이 줄어듭니다. 설빙이 녹아내리면 알베도가 낮은 토양이나 해수가 드러납니다. 그러면 육상이나 해양 표면이 태양 복사에너지를 흡수하는 양이 늘어납니다. 극지방의 지표면에 흡수되는 태양 복사에너지가 늘어나므로 지표면 온도가 더 올라가게 됩니다. 그 결과로 설빙이 더 많이 녹아내립니다. 이런 과정이 서로 상승작용을 일으킵니다. 이것을 얼음-알베도 되먹임이라고 부릅니다. 바다에서는 해빙이 녹아 틈새가 만들어지면 해류와 파도가 관여하여 얼음을 더욱 빠르게 녹여버립니다.

극지방 산불

북극권에 인접한 북위 60도 부근의 시베리아에서는 최근 거의 매년 고온과 가뭄이 이어지며 늦은 봄부터 초여름에 걸쳐 대규모 산불이 발생하고 있습니다. 이 산불로 발생하는 이산화탄소의 양도 매년 5,000만 톤 이상에 이르는 것으로 추정되는데, 이는 우리나라의 숲이 광합성을 해서 2년간 제거해야 하는 양에 맞먹습니다. 북극권 고온화로 제트기류가 약해져 남쪽의 뜨거운 공기가 북상하는 영향 때문이기도 하고, 건조한 대륙이라 강한 햇살을 받으면 지표 온도가 빠르게 상승하기 때문이기도 합니다.

시베리아에서 고온이 발생하는 중심지라고 할 수 있는 베르호얀스크에서는 6월 하순쯤 40℃에 육박하는 고온이 나타나기도 했습니다. 과거에도 여름에 고온 현상이 있기는 했지만, 최근 나타나고 있는 40℃에 육박하는 기온은 과거엔 볼 수 없었던 현상입니다. 과학자들은 최근 시베리아 지역에서 연례행사처럼 발생하는 잦은 산불은 기후변화에 따른 이상기후에 그 원인이 있다고 지적합니다. **고온과 가뭄이 이어지면 산림지대가 매우 건조해져서 산불이 발생하기에 최적의 조건이 만들어집니다.** 그런 조건에서는 산불이 쉽게 발생하고, 오래갈 수 있습니다.

영구동토지대에서 산불이 발생하면 땅속에 얼음의 형태로 있던 메탄이 녹아서 대기로 올라와 산불을 크게 키웁니다. 산불로 만들어진 자욱한 연기가 북극을 뒤덮는 광경을 위성 사진으로 볼 수 있습니다. 그 연기가 북극의 만년설 위에 내려앉으면, 청정하고 하얀 만년설 상태에 비하여 알베도가 낮아집니다. 그렇게 되면 북극의 지표면 온도가 더 오르고, 만년설이 녹고, 북극권 기온도 더 오르게 됩니다. 그러면 북극권 기온이 높아지면서 제트기류가 약해져 남북으로 길게 사행하게 됩니다. 이때 제트기류가 북극권으로 치우쳐 올라간 곳으로 남쪽의 뜨거운 공기가 북상하면서 과거엔 상상조차 못 했던 고온이 발생하는 것입니다.

극지방의 산불 발생은 시베리아만의 문제가 아닙니다. 북미대륙의 캐나다에서도 주로 초여름에 엄청난 규모의 산불이 발생하고 있습니다. 캐나다에서 산불이 발생하는 원인과 그 산불이 북극 고온화에 미치는 영향은 시베리아 산불의 경우와 다르지 않습니다.

역대 가장 심각했던 산불은 2023년 캐나다 서부지역에서 발생한 것이었습니다. 봄에 고온과 가뭄으로 산불이 시작되어 가을이 다 갈 때까지 지속되었습니다. 산불이 번진 면적은 우리나라 영토의 8배가 넘을 정도였습니다. 연기가 수천 km 떨어져 있는 뉴욕 맨해튼으로 날아가 대기를 자욱하게 만들어 마스크를 착용하거나 손수건으로 코를 막고 다녀야 했습니다. 또한 산불로 발생한 각종 대기오염물질이 대서양을 건너가 노르웨이에 대기오염을 일으킬 정도였습니다.

북극권 대륙의 녹화 현상

극지방의 고온화로 동토의 땅에서 만년설이 점차 사라지고 대신에 식물들이 자라나는 현상이 확대되어가고 있습니다. 이것을 녹화Greening 현상이라고 합니다. 북극권의 가장 넓은 육지 그린란드의 녹화 현상을 연구한 사례를 소개합니다.

미국 천문학연구대학협회AURA와 항공우주국 고다드 우주센터 공동연구팀은 과거 28년(1984~2012년) 동안 북극권을 촬영한 인공위성 사진을 분석한 연구 결과를 2016년 학술지 《환경원격탐사Remote Sensing of Environment》에 발표했습니다. 그들은 북극권 온도가 올라감에 따라 그린란드, 알래스카 서부 해안, 캐나다 북부 해안, 퀘벡 툰드라 지대에서 녹화 현상이 빠르게 진척되고 있는 것을 확인했습니다. 아울러 그린란드의 기온상승이 이어진다면 2040년 이전에 녹색식물로 덮이게 되어 이름 그대로 '녹색의 땅'이 될 수 있다는 결론을 얻었습니다.

녹색식물이 덮고 있는 지표는 만년설로 덮여 있는 땅이나 만년설이 사라진 맨땅보다 알베도가 낮습니다. 따라서 녹화 현상이 나타난 땅은 태양 복사에너지를 더 많이 흡수합니다. 이처럼 극지방의 녹화 현상도 그곳의 기온상승을 더욱 빠르게 만드는 요인이 됩니다.

3장

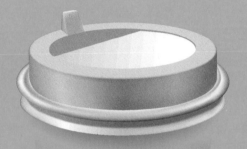

**기후위기 격변점
이후의 세상은
어떤
모습일까?**

기후위기 격변점은 무엇이고, 언제 닥칠까?

기후위기 격변점

1988년 미 상원 청문회에 출석해 지구온난화의 위험성을 증언하여 전 세계가 기후변화 대응을 서두르는 데 큰 기여를 했던 한센J. Hansen은 기후위기 격변점에 관해 다음과 같이 언급했습니다,

2차 대전이 끝난 후부터 오늘날까지 온실가스가 만들어낸 열 가운데 90%가 해양에 축적되었고, 해양에 축적된 열의 5~10%가 해빙을 녹이는 데 소비되었습니다. 인간들이 대기로 방출한 온실가스가 지구가 우주로 배출해야 할 적외선 복사에너지를 흡수하여 지상으로 적외선을 재

방출하는 방식으로 만든 에너지의 상당 부분이 해양으로 흡수되어왔습니다. 대기 온도 상승에 사용된 열은 불과 1%에 지나지 않았습니다. 그 덕분에 지구의 기온상승은 지난 100년 동안에 1℃ 정도에 그칠 수 있었던 겁니다.

온실가스가 열을 만들어내도 지구의 기후시스템(대기-육상-해양-생태계)이 갖는 거대한 열적 관성 때문에 실제로 기온이 오르고 그에 따른 극한 이상기후가 발생하기까지 시간이 걸립니다. 반응이 즉각적으로 나오는 것이 아닙니다. 지구온난화에 대한 기후의 반응이 본격적으로 나오기 시작하면 설령 지구온난화 원인을 제거하더라도 상당 기간에 걸쳐서 지구의 온도는 지속적으로 상승하게 되고 극한 기후 현상도 막을 수가 없게 됩니다.

이 시점을 한센은 '돌이킬 수 없는 시점'이라고 하여, 'Point of no return time(되돌릴 수 없는 시점)'이라고 불렀습니다. 뮤지컬 〈오페라의 유령〉에서 마지막에 남녀 주인공이 지난날의 무절제를 후회하면서 부르는 노래에도 나오는 구절입니다. 되돌릴 수 없는 상황에서 나오는 후회는 소용이 없는 법입니다.

기후위기 격변점이란 지구의 온도가 급상승하고, 그에 수

반하여 극한 기후재해와 해수면 상승이 발생하여 인간과 지금의 지구생태계를 멸망으로 몰고 가는 시기를 말합니다. 격변점을 넘어서면 다시 되돌릴 수 없는 상황으로 계속 악화될 뿐입니다.

가이아 이론으로 유명한 러브록J. Lovelock도 2006년 《인디펜던트The Independent》에 기고한 글에서 기후위기 격변점에 관한 말을 남겼습니다.

지구는 지금 중병에 빠져 있는데, 지구온난화로 발생할 열은 10만 년간 이어질 것이고 금세기(21세기) 안에 10억 명 이상이 목숨을 잃게 될 것입니다. 지구는 이미 돌이킬 수 없는 시점을 통과하였습니다. 지구는 사람들이 살아갈 수 없는 장소로 변해갈 것이고 그것을 저지하는 일은 불가능할 것입니다.

기후위기 격변점은 인류와 지구생태계를 파멸로 이끌고 가는 시작점이고, 그걸 되돌릴 수 있는 기회는 주어지지 않습니다. 러브록은 이미 2006년에 격변점을 지났다는 말을 했던 겁니다.

격변점 도달을 막을 수 있을까?

러브록이 이런 말을 했던 2006년, 당시 영국 총리였던 토니 블레어는 로이터통신과의 인터뷰를 통하여, 국제사회가 7년 이내에 기후변화 문제에 관한 중대한 정책 결정을 못 한다면 기후변화 문제는 우리의 손을 떠날 것이라고 말한 바 있습니다.

온실가스를 제대로 줄이려면 교토의정서를 대체하는 새로운 국제협약을 조속히 만들어야 했는데, **인류는 자국 이기주의에 빠져 시간을 허비해버렸습니다.** 교토의정서는 1997년 교토에서 개최된 제3차 유엔 기후변화협약당사국총회에서 합의한, 온실가스 감축에 관한 첫 번째 국제법이었습니다. 교토의정서는 2008년부터 2012년까지 5년에 걸쳐 선진 37개국만 약간의 감축 의무를 지는, 일종의 예행연습에 불과한 국제협약이었습니다. 기후위기에 대응할 수 있을 만큼 많은 양의 온실가스를 줄이는 새로운 협약은 다시 만들기로 했습니다. 국제사회는 그 새로운 협약을 2009년 코펜하겐에서 만들 예정이었습니다. 하지만 실제로는 2015년 파리에서 겨우 합의에 도달할 수 있었고, 파리협정이 온실가스를 줄이는 국제법으로 역할을 하게 된 것은 2021년부터였습니다. 기후변화 문제에 대응할 수 있는 시간을 너무 많이 허비했던 겁니다.

그런데 문제는 이것만이 아닙니다. 파리협정은 국가별로 자발적 감축안을 내는 방식이어서 기후위기를 되돌릴 만큼의 온실가스 감축을 달성할 가능성이 낮은 것으로 평가받고 있습니다. 최근 출간되고 있는 국제기구의 보고서는 하나같이 온실가스 감축량이 너무 부족하다고 지적하고 있습니다. 기후변화협약당사국들은 지구 평균온도 상승을 금세기말까지 산업화 이전의 지구 평균온도 대비 1.5℃ 이내로 막자고 합의했고, 그에 따라 2030년까지 달성할 국가온실가스감축목표량NDC, Nationally Determined Contribution을 2020~2021년 유엔에 제출했습니다. 여기서 말하는 '산업화 이전의 지구 평균온도'란 1850년부터 1900년까지의 지구 평균온도를 말합니다.

그런데 최근 IPCC는 그 NDC의 90% 이상은 실현 가능성이 낮은 부실한 보고서라는 평가를 내리고 있습니다. 우리나라도 2021년에 제출한 NDC를 실천해 내기 위한 구체적 전략안(제1차 국가 탄소중립 · 녹색성장 기본계획)을 2023년 3월 발표했는데, '탄소 포집 · 활용 · 저장 기술CCUS, Carbon Capture, Utilization and Storage'을 개발해서 2028년 이후 본격적으로 줄이자는 내용이었습니다. 기술이 개발될

지도 불확실하고 상용화가 가능한지는 더욱 의문인 기술에 의존하여, 유엔에 약속한 우리나라의 NDC를 실천하자는 말이었습니다. 그래서 시민사회의 비판을 많이 받았습니다. 이런 모습이 실현 가능성이 낮은 부실한 사례의 전형이라고 할 수 있습니다. 기후위기에 대처하는 자세가 이렇게 부실하다면 기후위기 격변점 도달은 도저히 막을 수 없을 것입니다.

기후위기 격변점은 언제 시작될까?

대기의 이산화탄소 농도가 450ppm에 이르면 지구 평균기온은 산업화 이전에 비해 2℃ 오를 것으로 전망됩니다. 산업화 이전의 기온은 산업혁명 이전의 기온이 아닌, 지구 기상관측 초창기인 1850년~1900년의 지구 평균기온을 가리킵니다. 현재 대기 중 이산화탄소 농도는 420ppm을 넘어섰고 매년 2.5ppm 정도씩 증가하고 있어 2035년 이내에 450ppm을 넘어설 것으로 전망됩니다. 2℃ 돌파 시점이 기후위기 격변점이 될 것이라고 하는데, 이 시기를 전후로 치명적인 기후재해가 일상화되어 인간 삶이 위협받고 지구생태계도 걷잡을 수 없이 무너져 내릴 것으로 전망하고 있습니다. 이번 세기 중반 이전에 현실로 다가올 가능성이 큽니다.

영국의 페리 교수 등은 2℃ 돌파가 현실로 다가오면 물부족으로 27억 명, 말라리아 등 전염병으로 2억 3,000만 명, 홍수로 3,000만 명, 기아로 1,000만 명 등 고통에 노출될 사람이 30억 명에 이를 것으로 전망한 보고서를 내기도 했습니다. 이런 이유로 유럽에서는 2℃ 이내 억제를 '기후목표climate target'라고 불러왔고, 파리협정에서 온실가스 감축목표를 설정할 때부터 목표로 채택했습니다. 물론 **지금 파리협정의 목표는 2℃가 아니라 그보다 훨씬 강화된 1.5℃ 이내로 억제하는 것입니다.**

세계보건기구는 이미 2005년에 기후변화로 인류가 심각한 건강 피해를 받게 된다는 보고서를 낸 바 있습니다. 기후변화의 영향으로 매년 15만 명이 사망하고 551만 명이 질병을 앓는다고 전망했습니다.

그로부터 15년이 지난 2021년, 유엔환경계획은 '자연과 함께 평화를 만들어가자Making Peace with Nature'라는 보고서에서 기후변화 피해를 훨씬 심각하게 진단했습니다. 환경오염과 기후위기로 매년 900만 명의 조기 사망자가 발생하고 있으며, 생물 멸종이 가속화하여 금세기 안에 1백만 종 이상의 동물과 식물이 멸종할 것으로 전망하였습니다.

뿐만 아니라 앞으로 더욱 심화될 기후위기로 가뭄과 수질 오염이 악화되어 매년 180만 명이 추가로 사망하게 될 것으로 전망했습니다. **기후위기 격변점은 이미 시작되었다고 해도 무방한 상황입니다.**

1.5℃를 넘어서면 어떤 위험이 현실로 닥쳐올까?

현세를 살아가고 있는 인간과 지구생태계는 저온 상황에서 생명을 지켜갈 수 있습니다. 그래서 지구 온도가 지금처럼 올라가면 인간과 지구생태계는 치명적인 피해를 입게 됩니다. 기후위기란 곧 인간과 지구생태계의 위기를 말합니다. 이 문제를 살펴보겠습니다.

2022년 맥케이A. McKay 등은 유명 학술지인 《사이언스》에 지구 기후의 티핑 포인트tipping point를 전망한 논문을 게재했습니다. 그들은 기후위기가 돌이킬 수 없는 시점(티핑 포인트)으로 접어드는 단계를 평가하는 데 16개의 지표를 사용하였습니다. 그들은 산업화 이전 대비 1.5℃ 상승단계에서 북극의 그린란드와 남극의 서남극 빙상이 붕괴되고, 열대 해양의 산호초가 소멸하며 북극권의 영구동토층이 급격하게 녹아 땅속의 메탄 얼음이 대규모로 방출될 가능성이 크다고 진단했습니다. 또 겨울철에 쇄빙선이 얼음을 부수면서 항해하는 노르웨이 북쪽 바렌츠해의 얼음도 소실됩니다. 그린란드 빙상과 남극의 서남극 빙상이 붕괴되면 전 세계 해수위가 각각 7.4m와 5.6m 상승하게 됩니다. 북극권의 영구동토층 내엔 1조 6,000억 톤의 탄소가 얼음 상태로 존재하는데, 이것은 인류가 1년간 배출하는 총탄소량의 16배나 됩니다.

이런 상황이 벌어지는 날을 '지구 암흑의 날 Earth doom's day' **이라고 부릅니다.** 2023년에 나타난 지구 온도는 이런 사태가 발생할 수 있는 단계로 접어들었다는 사실을 말합니다.

해양은 인간 활동으로 연간 배출된 탄소의 약 22%를 흡수하고 있습니다. 그런데 해수면 온도가 상승하면 해수의 용존 기체량이 감소하기 때문에 해양의 연간 탄소 흡수량이 줄어들게 됩니다. 결국 해수 온도 상승은 대기 중 이산화탄소량을 늘리는 효과를 냅니다. 해수 온도의 상승은 빙하의 녹는 속도를 가속화하고 해수의 열팽창을 높여서 해수위를 상승시킵니다. 그 결과, 침수되는 육상 면적이 늘어나고 인간의 생활공간이 축소됩니다. 해수 온도 상승은 엄청난 수준으로 열대 폭풍(=태풍)의 위력을 강화합니다. 2023년 여름 대서양에서 발생한 허리케인 오티스Otis와 인도양에서 발생한 사이클론 모카Mocha는 위성 관측이 시작된 이래 가장 강력한 것이었고, 수백만 명의 이재민과 수백억 달러에 이르는 재산피해를 냈습니다.

우리나라 주요 농작물의 티핑 포인트

최근 여름철 고온 현상으로 인해 과수와 채소류의 공급 불안정 현상이 되풀이되고 있습니다. 2024년 물가 폭등의 주범으로 주목받았던 사과, 배, 밀감 등의 과수와 대파, 양파, 양배추 등의 채소류 **가격 폭등의 원인도 우리나라의 기후조건이 기존 농작물의 생장에 적합하지 않은 단계로 완전히 변해버렸기 때문입니다.** 수박을 제외한 대부분의 농산물이 일 최고기온 37℃를 넘어서면 큰 피해를 볼 수밖에 없습니다. 우리나라의 주요 농산물은 이미 기후위기 티핑 포인트를 넘어선 것으로 보입니다.

제주도가 아닌 한반도의 육상에서도 남부지방을 중심으로 수년 전부터 밀감, 레몬, 천리향과 같은 아열대성 과수 생산량이 늘어나고 있습니다. 그렇게 농업 부문에서도 기후변화에 따른 작물 변화를 시도해왔습니다. 하지만 지금까지 기울인 노력은 기후변화를 좇아가기엔 턱없이 부족했던 것으로 보입니다. 우리나라 농촌의 사정이 변화를 따라가기엔 너무 열악했습니다. 우리나라 농부들은 평균 연령이 70세에 가깝고 대부분이 1ha 미만의 농업에 의존하고 있는 가난한 영세농입니다. 이런 형편에 있는 농부들이 기후변화를 감안하여 적절하게 영농을 변화시켜가기엔 역부족이었습니다.

기후위기로 인해 우리나라 농촌의 농산물 생산이 이렇게 갑자기 무너져 내리면 그 충격은 그대로 도시의 소비자들을 강타하게 됩니다. 농촌의 위기는 곧 도시인의 위기입니다.

눈앞에 닥친 기후위기 격변 사례에는
어떤 것들이 있을까?

극지방 빙하 붕괴에서 시작되는 격변점

가장 심각하게 다가올 수 있는 기후위기 격변 사건이라면 무엇보다도 남극 빙상이 무너져 내리는 사건이라고 할 수 있습니다. 남극대륙은 미국과 멕시코를 합친 정도의 넓이(약 1,400만km²)이고, 남북 방향으로 위치한 산맥을 경계로 동남극대륙East Antarctica과 서남극대륙West Antarctica으로 나뉩니다. 이 광활한 대륙에 지난 2,500만 년 동안 내린 눈이 고화되어 두껍게 쌓여 있습니다. 이 거대한 얼음 덩어리를 남극 빙상이라고 부릅니다.

동남극 빙상은 평균 두께가 2.6km이고 최고 5km나 됩니다. 서남극 빙상은 동남극 빙상보다 두께가 얇아서 평균 1.8km 정도입니다. 남극대륙은 이렇게 무거운 빙상 무게로 인하여 약 1km나 침강된 상태입니다. 땅바닥이 1km나 가라앉을 정도로 빙하의 무게가 엄청나다는 말입니다. 지구온난화로 빙상이 녹아내리면 남극대륙은 융기할 수 있는 조건을 갖추고 있습니다. 해수면이 상승하면서 침수되는 육지 면적이 엄청나게 커지지만, 양극 지방에는 융기한 땅이 새로 만들어지기도 합니다.

남극대륙에 있는 빙하의 부피는 $2.9 \times 10^7 km^3$에 이르는 것으로 추정됩니다. 그리고 북극권 빙하의 대부분을 차지하는 그린란드대륙의 빙하 부피는 남극 빙하 부피의 10% 정도로 알려져 있습니다. 지구 기온이 올라 이들 빙하가 전부 녹아내리면 어떻게 될까요? 해수의 양은 대륙의 빙하가 녹아내리는 효과와 해수 열팽창의 효과로 증가합니다. 이 둘을 모두 고려했을 때, **북극권 빙하가 녹아내리면 전 세계 평균 해수면 높이가 7m, 남극 빙하가 녹아내리면 55m, 양극 지방의 빙하가 모두 녹아내리면 62m나 상승하게 됩니다.**

양극 지방의 빙하가 전부 녹아내리는 사태가 가까운 장래에 발생할 가능성은 사실상 없습니다. 하지만 북극권의

빙하나 남극권의 서남극 빙하가 가까운 장래에 무너져 내
릴 가능성이 제기되고 있습니다. 이 정도만 되어도 우리
는 치명적인 피해를 보게 됩니다.

서남극대륙 빙상은 얼마나 위험할까?

남극 빙상은 남극에서 180도 경도선 부근을 따라 남북
으로 길게 위치한 산맥을 경계로 동남극 빙상과 서남극 빙
상으로 구별합니다. 양쪽의 빙하가 모두 붕괴할 위험이 커
지고 있지만 서남극 빙상이 훨씬 더 위험한 상황입니다.
서남극 빙상의 붕괴는 스웨이츠 빙하 Thwaites Glacier**의 붕괴로
가까운 장래에 갑자기 발생할 가능성도 제기되고 있습니다.**

빙하는 높은 지대에 쌓여 있는 거대 얼음덩어리가 중력
을 받아 천천히 아래로 흘러내리고 있는 것을 말합니다.
서남극에 쌓여 있는 빙하는 스웨이츠 빙하의 방향으로 흘
러내리고 있습니다. 이 스웨이츠 빙하가 붕괴한다면 그곳
을 따라 서남극 빙하가 바다로 쏟아져 내립니다. 비유하
자면 서남극 빙하가 거꾸로 세워진 병에 들어있는 포도주
이고 스웨이츠 빙하는 코르크 마개입니다. 코르크 마개가
제거되면 포도주가 바닥으로 쏟아지는 이치와 같습니다.

스웨이츠 빙하의 면적은 한반도 정도이고, 이것만 바

다로 쏟아져도 전 세계의 평균 해수면은 65cm 정도 상승합니다. 그리고 서남극의 빙하까지 붕괴하게 되면 해수면 상승 높이가 5.6m에 달할 것으로 예상됩니다. 5.6m라면 아파트 두 개 층 정도의 높이입니다. 해수면이 이만큼 높아진다면 상당한 넓이의 연안 지역이 사라지게 됩니다. 전 세계의 메가시티 대부분은 연안 지역에 있기 때문에 돌이킬 수 없는 상황에 빠져들게 됩니다. 오늘날 세계 인구의 약 40%는 해안에서 100km 이내에 거주하고 있어 해수면 상승의 위험을 피할 수 없는 상황입니다. 그야말로 지구 종말의 날입니다.

이 문제를 다룬 과학논문이 다수 출판되었고, 우리나라 극지연구소에서도 스웨이츠 빙하가 지금까지의 예상보다 훨씬 빨리 붕괴할 가능성의 메커니즘을 밝히는 등 세계적으로 주목받는 연구 결과를 내고 있습니다. 이들 과학논문 중에서 미국 사우스플로리다대학의 해양물리학자 그레이엄A. Graham 교수팀의 연구 성과가 세계 언론의 주목을 받아 우리나라를 비롯해 전 세계에 알려졌습니다(네이처 지오사이언스, 2022). 이 논문 내용을 간략히 소개합니다.

연구팀은 2019년 여름, 로봇 잠수정을 스웨이츠 빙하 끝 지점의 수심 700m까지 투입해 해저 상황을 촬영했습

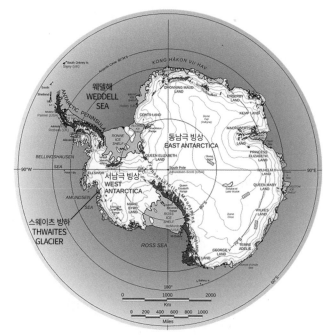

남극대륙 빙상 분포와 스웨이츠 빙하 위치

니다. 영상을 분석한 결과, 지구 종말의 날을 가져올 빙하로 불리는 서남극의 스웨이츠 빙하가 현재 필사적으로 붕괴를 버티고 있는 상황이며, 가까운 장래에 급격히 후퇴하는 큰 변화가 나타날 수 있다는 사실을 밝혀냈습니다. 연구팀은 또, 아직 확인해야 할 의문점이 남아 있기는 하지만, 앞으로 스웨이츠 빙하가 해저 수심이 얕은 곳의 능선 너머로 후퇴하게 되면 불과 1~2년 안에 큰 변화가 생길 수 있다고 지적했습니다. 아울러 최근에 이르기까지 남극 빙상이 느리게 변하고 있다고 여겨온 과학자들의 생각이 옳지 않다는 것은 확실하다고 했습니다.

취약한 기반암 지형이 드러난 스웨이츠 빙하

만년설을 가리키는 용어들

빙하 Glacier

빙하氷河는 '얼음의 강'이라는 뜻으로, 눈이 쌓인 채 얼어서 서서히 움직이는 거대한 얼음덩어리를 말합니다. 고지대에 있는 거대한 얼음덩어리가 중력을 받아 아주 천천히 아래쪽으로 움직인다는 뜻에서 붙여진 이름입니다. 빙하는 겨울에 내린 눈이 여름 동안 미처 다 녹지 못할 때 생겨납니다. 현재는 높은 고산지대와 양극 지방에서만 생깁니다. 빙하는 지구 육지 면적의 약 11%를 차지하지만, 그 양은 지구 담수 총량의 약 3/4이나 됩니다. 오늘날 빙하의 약 99%는 양극 지방인 남극대륙과 그린란드에 집중되어 있습니다.

빙상 Ice Sheet

빙상氷床은 빙하가 주변 땅을 5만km^2 이상 덮고 있는 거대한 얼음덩어리를 말합니다. 빙상은 오늘날 남극대륙과 북극권 대륙인 그린란드에 주로 있고, 캐나다 등 북아메리카와 유럽 북부 등에도 남아 있습니다. 남극 빙상은 현존하는 최대 규모의 빙상으로, 남극 지표의 98%를 덮고 있으며 넓이가 1,400만km^{2}에 이릅니다. 우리나라 국토 면적이 약 10만km^{2}이므로, 우리나라의 140배에 이르는 셈입니다. 남극 빙상을 이루는 담수의 양은 지구 전체 담수량의 71%나 됩니다. 이 빙상이 모두 녹아내리면 전 세계 해수면 높이가 60m 정도 상승하게 됩니다.

빙붕 Ice Shelf

빙붕氷棚은 빙하를 타고 흘러 내려와 바다에 떠 있는 거대한 얼음 덩어리를 말합니다. 빙하나 빙상층이 중력을 받아 아래 방향으로 흘러내려 바다로 흘러들면 거대한 얼음덩어리가 가라앉지 못하고 해수면을 따라 퍼져나가게 됩니다. 얼음은 해수보다 밀도가 작아서 바닷속으로 가라앉지 못하기 때문입니다. 그래서 두꺼운 얼음층이 해수면을 덮으면서 넓고 두꺼운 얼음면을 이루게 됩니다. 빙하가 대륙 쪽에서 바다로 지속적으로 밀려 내려오기 때문에 이러한 빙붕은 연안에서 먼바다로 뻗어나가게 됩니다.

빙산 Iceberg

파도나 해류의 영향으로 빙붕의 가장자리 쪽이 깨져나가기도 하는데, 그렇게 떨어져 나온 얼음덩어리가 바다 위를 떠다니는 것을 빙산氷山이라고 합니다. 북극지방에서 발견되는 빙산은 평균 길이가 180m, 높이가 45m 정도입니다. 빙산은 체적의 1/8 정도만 수면 위로 올라와 있고, 나머지는 물에 잠겨 있습니다. 그래서 큰 대상의 아주 일부분을 '빙산의 일각'이라고 표현하기도 합니다. 최근에는 지구온난화의 영향으로 해수 온도가 상승하여 빙붕에서 엄청나게 큰 빙산이 떨어져나오는 일이 자주 발생하고 있습니다. 최근에 떨어져 나온 A76 빙산은 길이가 170km, 너비가 25km에 이릅니다. 또 면적은 4,326km^{2}로 제주도 면적의 2.3배나 됩니다. 이런 사건은 대륙 빙상의 갑작스러운 붕괴를 가져올 수 있다는 점에서 매우 심각한 문제라고 할 수 있습니다.

남극 르메르해협의 빙하가 부서진 지점

남극의 로스 빙붕

지금 관찰되는 기후위기 격변 조짐이 있을까?

2021년 북미 서부지역 폭염

2021년 11월에 나온 세계기상기구의 '2021년 세계 기후 현황 보고서State of the Global Climate 2021'에는, **"극한 이상 기상현상이 이제는 새로운 일상new normal이 되었다"**라는 부제가 달려 있습니다. 극한 이상 기상현상이란 30년에 한 번 있을까 말까 할 정도로 좀체 나타나기 어려운 기상현상을 말합니다. 그런데 이제는 그런 극한 이상 기상현상이 매년 전 세계에서 흔하게 발생하고 있다는 뜻입니다. 그런 사례에 해당하는 몇 가지를 소개합니다.

인간과 자연생태계에 큰 피해를 주는 대표적인 이상기후 현상은 폭염, 가뭄, 한파, 홍수 그리고 강풍입니다. 폭염으로 주목할 사건으로 2021년 북미 서부 고위도지역의 폭염과 2022년 인도·유럽 폭염을 들 수 있습니다.

먼저 2021년 6월 말 북미대륙 서부지역에서 발생하여 오래 지속되면서 많은 인적·물적 피해를 낸 폭염 사건을 살펴봅니다. 폭염은 미국 남부 캘리포니아주에서 북극권에 가까운 캐나다 브리티시컬럼비아주 리튼시에 이르기까지 광범위하게 나타났습니다. 이때 북위 55도 이북에 있는 리튼시를 포함하여 캐나다 북부지역의 기온이 평년기온에 비해 22~27℃나 높았습니다. 평년기온이란 지난 30년 동안, 동일한 시기의 평균기온을 말합니다. 이 폭염으로 캐나다에서만 700명 이상의 사망자가 발생하였고, 미국 오리건주 등에서도 피해자가 100명을 넘었습니다.

폭염은 자연 생태계에도 큰 타격을 입혔습니다. 해수온도도 덩달아 올라서 북미 서부 태평양 연안의 홍합, 조개, 불가사리 등 해양생물들이 떼죽음을 당했습니다. 해양생물학자들의 현장조사 결과에 의하면, 폭염이 극심했던 6월 말에서 7월 상순까지 2주 동안 폐사한 해양생물이 10억 마리를 넘었고 연어 등 민물 생물들도 몰살에 가까운 피해를 보았습니다.

미국 컬럼비아대학교의 제프 베라델리J. Berardelli 교수는

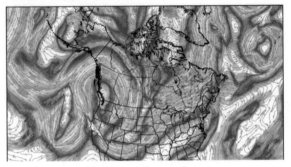

NCEP GFS 250 hPa Wind Speed [knots]
Init: 18Z25JUN2021 -- [18] hr --> Valid Sat 12Z26JUN2021
MAX: 148.

폭염을 유발한 제트기류의 극심한 사행 구조.
그리스 문자 '오메가(Ω)'와 비슷한 형태

이 폭염의 발생확률을 1/10,000 이하로 추정했습니다. 즉 이런 사건이 발생할 확률은 1만 년에 1회 이하로, 매우 희귀한 사건이었다는 뜻입니다. 세계기상기구는 이 폭염 사건의 원인을 조사하기 위해 긴급히 유럽과 북미지역의 저명한 기후학자들을 모아 기후변화 국제 공동연구인 세계기상원인분석WWA, World Weather Attribution 프로젝트를 실시했습니다. 이 프로젝트에 미국 · 네덜란드 · 영국 · 캐나다 등에서 27명의 과학자가 참여했습니다. 이들은 2021년 7월 8일 긴급 논문을 통해 연구 결과를 발표했으며, 이 폭염의 발생 원인으로 열돔 현상을 언급했습니다. 6월에 제트기류가 미국 알래스카 위쪽까지 올라가서 오메가(Ω)

형태의 극단적 흐름을 만들어 상층 고기압을 형성하고, 그 결과로 열돔 현상이 만들어져 폭염이 발생했다는 것입니다. 그리고 이런 현상은 1,000년에 한 번 있을까 말까 할 정도로 매우 희귀한 사건이라고 덧붙였습니다.

하지만 산업화 이전의 지구 평균온도(1850~1900년의 평균기온)에 비해 지구 기온이 약 1℃ 상승한 오늘날엔 그러한 사건이 발생할 확률이 150배나 높아졌다고 했습니다. **과거에는 1,000년에 한 번의 확률로 발생했던 사건이 이제는 5~7년에 한 번 발생하는 일상적인 문제가 되었다고 설명합니다.** 과거에는 상상조차 할 수 없을 정도의 극한 이상 기상이 이제는 흔하게 발생하는 '새로운 일상'이 되었다는 뜻입니다.

세계기상원인분석 프로젝트에 참여했던 네덜란드왕립기상연구소의 오르덴볼프 박사는 이런 말을 덧붙였습니다.

기후학자들은 기후위기의 진전으로 극심한 폭염이 보다 빈번하게, 보다 격렬하게 발생할 것이라는 점은 예상하고 있었지만, 이런 고위도 지역에서 이 정도로 심각한 폭염이 발생할 줄은 아무도 몰랐습니다. 우리가 기후변화가 가져올 치명적인 영향을 진짜로 이해하고 있기나 한 것인 가라는 중대한 의문을 품게 되었습니다.(일본 마이니치신문, 2021.7.8.)

2022년 인도·유럽 폭염

2022년 여름 유럽의 폭염은 매우 이른 시기인 늦은 봄에 시작되어 그 범위를 계속 넓혀갔습니다. 5월 하순, 스페인에서 34℃를 넘어서는 등 남유럽에서 초고온 현상이 나타났고 대형 산불도 시작되었습니다. 6월 들어 폭염이 프랑스와 이탈리아로 확대되며 43℃를 넘는 고온이 나타나면서 각종 야외행사가 금지되기에 이르렀습니다. 하지를 전후로 폭염은 유럽 각지로 확대되었고, 비교적 선선한 여름 기후를 보이는 독일에서도 40℃에 근접하는 이른 폭염이 나타났습니다. 게다가 폭염은 가뭄과 함께 찾아옵니다. 폭염과 가뭄이 휩쓴 유럽 각지에서 자연 발화한 대형 산불이 수백 건 이상 발생하여 고통을 더했습니다.

2022년 유럽 폭염의 가장 큰 특징은 출현 시기가 과거에 비해 너무 빨랐다는 점입니다. 유럽 폭염은 수만 명의 인명피해를 냈던 2003년, 2007년을 포함해 지금까지는 매년 7~8월에 나타났습니다. 그런데 **2022년에는 평년기**

온보다 무려 10℃ 이상 높은 고온이 5~6월에 유럽 각지에서 나타났고, 대부분 지역에서 기상관측 역사상 가장 높은 고온으로 기록되었습니다.

때 이른 폭염 현상은 북미지역도 다르지 않았습니다. 6월 중순 미국 인구의 1/3 이상에 폭염주의보가 발령되었고, 6월 10일 미국 라스베이거스의 일일 최고기온은 43℃까지 치솟았습니다. 2022년에 나타난 때 이른 폭염은 지구촌 공통의 사건이었습니다. 3~5월에 극한 폭염이 나타난 인도와 파키스탄을 시작으로 유럽과 미국, 아시아 등 북반구 대부분 지역에서 과거에 비해 1~2개월이나 이른 시기에 폭염이 기승을 부리기 시작했습니다.

세계기상기구는 2022년 전 지구를 강타한 때 이른 폭염 현상에 대해 이런 견해를 밝혔습니다.

때 이른 폭염이 나타난 원인은 대기 중에 온실가스 농도가 증가하여 발생한 기후변화에 있습니다. 이것은 불행하게도 먼 미래에 일상화될 현상을 미리 맛보고 있는 셈입니다. 기후위기가 현실로 나타나기 시작하여 오늘날 극심한 폭염의 발생빈도는 100년 전에 비하여 10배 이상 증가하였습니다.

IPCC도 폭염이 더 이른 시기에 나타나고 있는 원인이 온실가스 증가로 인한 지구온난화에 있고, 앞으로 지구온난화가 진척될수록 폭염이 더 이른 시기에 시작되고 더 자주, 더 극심해질 것이라고 했습니다.

극한 이상기후가 발생하는 원인

기후학자들은 세계 각지에서 발생하는 대규모 폭염의 원인으로 열돔 현상을 듭니다. 열돔 현상을 좀 더 자세히 살펴보면 다음과 같습니다.

상층일기도를 보면, 중위도 상공에 북극권 찬 공기와 남쪽 더운 공기가 경계를 이루는 위치에 등고선 간격이 좁아 풍속이 강한 영역이 뱀이 기어가듯 꾸불꾸불한 모양 사행 蛇行, meandering을 만들며 지구를 동서 방향으로 둘러싸고 있는 것을 볼 수 있습니다 이것을 편서풍 파동이라고 하며, 이 파동대에서 풍속이 일정 수준 이상으로 강한 바람을 제트기류라고 부릅니다. 이 편서풍 파동(제트기류)의 위치가 북극권 찬 공기와 남쪽 더운 공기의 경계에 해당합니다.

제트기류는 고·저위도 간의 기온 차이가 클수록 강해집니다. 제트기류가 강해야 북쪽 찬 공기가 특정 경도대로 치우치지 않고 북극을 중심으로 대칭적으로 분포할 수 있습니다. 제트기류가 마치 북극의 찬 공기를 가둬두는 그릇의 역할을 하는 셈입니다. 그릇이 딱딱하고 튼튼하면 물이 그릇 속에 고이 담겨있지만 그렇지 않으면 그릇 속의 물이 특정 방향으로 흐르며 그릇의 모양을 일그러뜨리게 되는 것과 같은 이치입니다. 기후변화로 북극권이 고온화되었고, 그 결과로 남쪽 공기와 북쪽 공기 간에 온도 차이가 줄면서 제트기류가 약해졌습니다. 지구온난화가 제트기류를 약화시켜 특정 경도대에서는 제트기류의 경로가 남쪽 저위도까지 치우치게 되고 그곳으로 북극 찬 공기가 내려가게 됩니다. 그렇게 되면 다른 경도대에서는 남쪽의 따뜻한 공기가 북극권까지 올라가게 됩니다. 이렇게 제트기류가 남북 방향으로 극심하게 치우치는 것이 극한 이상기후 출현의 원인이 됩니다.

2021년 여름 북미 서부지역에서 폭염이 발생한 시기에 북극권의 찬 공기는 동아시아 쪽으로 치우쳤습니다. 반대로 북미대륙 쪽의 제트기류는 평상시보다 훨씬 더 북극 쪽으로 올라갔습니다. 제트기류의 모양이 오메가(Ω) 형태로 볼록하게 되어 있는 것을 볼 수 있는데, 이는 곧 제트기류가 북극에 가깝게 치우친 것을 보여줍니다. 남쪽의 따뜻한 공기는 그 방향으로 북위 55도 이상까지 올라갔습니다. 제트기류가 오메가(Ω) 모양을 가지게 되면 대기 역학적으로 고기압이 만들어집니다.

상층에 정체한 고기압에서는 하강기류가 발생하기 때문에 지표에서 가열된 공기가 올라가지 못하고 지상에 머물게 됩니다. 상층 고기압은 지상의 뜨거운 공기가 상공으로 빠져나가지 못하게 막는 솥뚜껑 역할을 합니다. 또 하강기류는 압축되어 기온이 상승하기 때문에 지상의 고온 발생에 기여하게 됩니다. 공기는 1km 하강할 때마다 기온이 10℃씩 상승합니다. 이를 열돔 현상이라고 합니다.

우리나라에 극한 폭염이 나타나는 원인도 열돔 현상에 기인합니다. 동아시아의 여름철 기후를 지배하는 북태평양고기압이 우리나라 상공을 덮고 있는 상황에서 티베트고원의 지표면 가열이 원인이 되어 생성되는 티베트고기압이 북태평양고기압 위로 그 세력을 확장해 옵니다. 이 두 고기압이 우리나라 상공을 덮어 열돔 현상을 일으킬 때 소위 말하는 역대급 폭염이 나타납니다. 2018년에 있었던 우리나라의 폭염이 바로 그런 사례였습니다.

4

격변점을 막을 시간이 남아 있을까?

세계기상기구의 진단

세계기상기구는 해마다 전 지구 온실가스 배출 현황을 담은 '온실가스 연보'를 발간하고 있습니다. 세계기상기구는 2022년 보고서를 통해, 코로나19의 영향으로 화석연료 사용이 줄고 산업 활동이 부진했던 덕분에 2년간 (2020~2021년) 잠시 줄었던 전 지구 온실가스 배출량이 다시 빠른 증가세로 돌아섰다고 지적했습니다. 특히 대기 중 메탄의 농도는 관측을 시작한 1983년 이래로 전해에 비해 가장 큰 폭으로 증가했습니다. 메탄은 동일한 양으로 비교할 때 이산화탄소보다 지구온난화 유발효과가 21 배나 높은 온실가스라는 점에서 더욱 우려스럽습니다. 이산화탄소의 농도도 지금까지의 평균 증가율보다 높았습니다. 2030년까지 급속히 온실가스 배출을 줄여가야 하지만 실상은 그렇지 못하다는 뜻입니다.

메탄의 배출은 지구온난화현상과 상승작용의 관계에 있다는 점에서 매우 우려스럽습니다. 지구 온도가 올라가면 습지와 낙엽 쌓인 산지 등에서 박테리아 활동이 왕성해져 메탄의 발생량이 많아집니다. 고위도에 있는 영구동토층이 녹아서 땅속에 하이드레이트 형태로 있던 메탄이 대기로 대량 배출되기도 합니다. 동토 지대에서는 땅속에 있던 메탄하이드레이트가 붕괴하면서 마치 홍수 때 일어나는 지반 붕괴와 같은 사고도 자주 발생합니다.

세계기상기구는 2022년 발간한 '온실가스 연보'에서 제시한 대기 중 메탄 농도의 급증이 지구온난화에 따른 되돌릴 수 없는 현상인지, 아니면 지난 3년간 이어진 '트리플 딥triple dip 라니냐' 현상에 따른 일시적 변동인지는 추가 검토가 필요하다고 조심스럽게 언급했습니다.

그런데 설령 트리플 딥 라니냐 현상에 따른 일시적 영향이 컸다고 판단하더라도 문제는 남습니다. 3년씩 이어지는 라니냐 현상 자체가 1954년 이래 없다가 2019년 가을에 나타난 현상으로 좀체 볼 수 없는 특이한 사건이었

고, 그것이 기후위기로 해류 순환에 혼란이 발생해 나타
난 현상으로 확인되고 있기 때문입니다. 즉 트리플 딥 라
니냐 현상 자체가 기후위기로 나타난 것이고, 이런 현상
이 앞으로 더 자주 나타날 것이기 때문입니다.

세계기상기구가 지적한 우려스러운 점은 온실가스 배
출량 증가만이 아닙니다. **지구생태계의 대기 중 탄소흡수
능력에 한계가 드러나고 있다는 점도 큰 문제입니다.** 육지
와 해양 전체에서 생태계의 탄소흡수 능력이 감소해가고
있고, 일부 지역에서는 육상 생태계가 탄소 흡수원에서
탄소 배출원으로 변해가고 있습니다. 자연에서 발생하는
연간 탄소배출량과 흡수량은 인간 활동으로 발생하는 양
보다 훨씬 많습니다. 그래서 육지와 해양에서 대기로 배
출하는 탄소량이 증가하고 자연의 흡수량이 감소해간다
면, 설령 그 변화량이 적다 하더라도 그 효과는 인간이 극
복할 수 없는 치명적 수준으로 내달릴 수 있습니다. 전 세
계 열대우림 중에서 콩고의 열대우림을 제외하고는 이미
모두 탄소 배출원으로 전락해버렸다는 진단이 바로 그러
한 징조입니다. 우리가 원하지 않는 잘못된 방향으로 나
아가고 있습니다.

유엔환경계획의 진단

우리가 온실가스 감축에 성공해 기후위기가 격변점을 향해가는 것을 막을 수 있는 기회가 닫혀가고 있다는 국제기구의 보고서도 이어지고 있습니다. 대표적인 것으로 2022년 유엔환경계획이 발간한 '배출량 간극 보고서 2022Emissions Gap Report 2022'를 들 수 있습니다. 이 보고서는 2030년까지 실제 온실가스 배출량과 기후변화로 인한 최악의 영향을 피하기 위한 배출량 간의 차이에 대해 정보를 제공할 목적으로 매년 발간되고 있습니다. 2022년 10월에 나온 이 보고서는 파리협정에 따라 각 국가가 2020~2021년에 제출한 국가온실가스감축목표량이 지구 평균온도 상승 억제 목표인 1.5℃ 달성에 충분한지를 평가했습니다. 결론은 턱없이 부족하다는 것이며, 이대로라면 금세기말까지 지구 평균온도는 1.5℃가 아니라 2.8℃ 상승할 것으로 전망하고 있습니다. 기후위기 격변점으로 추정되는 2℃ 상승을 훌쩍 뛰어넘는 수준입니다. 또한 이 보고서는 지금보다 훨씬 강화된 감축안을 만들고 2030년까지 집중해서 실천해야 한다는 결론을 제시했습니다.

2030년을 지나면 기후위기 현상이 스스로 더 큰 기후위기를 만들어내는 단계로 넘어서게 될 가능성이 큽니다. 그

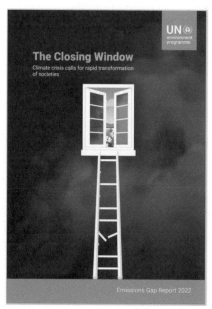

배출량 간극 보고서 2022

때는 인간이 기후위기 문제 해결에 관여할 여지조차 없어질 가능성이 큽니다. 그래서 이 보고서에는 "기후위기 해결을 향해 들어갈 수 있는 기회가 닫히고 있다The Closing Window"라는 제목이 달려 있습니다. 그래도 어떻게든 막아볼 여지는 있을까요? 이 보고서는 현재로서는 1.5℃ 목표를 달성할 경로가 닫혀 있다고 말합니다. 보고서 표지가 매우 의미심장합니다. 우리가 달성해야 할 목표를 의미하는 창문 안을 향해 올라가야 할 사다리 곳곳이 부서져 있는데, 이것은 우리 앞에 놓인 상황이 매우 어렵다는 사실을 상징하고 있습니다.

유엔사무총장의 진단

세계 각국은 기후위기 재난에 대응하기 위해 온실가스 배출 감축을 약속했지만, 실제 감축은 제대로 이뤄지지 못하고 있습니다. 이런 가운데 해수면 상승은 이미 돌이킬 수 없는 상태가 되어버렸다는 탄식도 쏟아지고 있습니다.

구테흐스 유엔사무총장은 제27차 기후변화협약당사국총회가 막을 내린 직후인 2022년 연말, 기후위기 대응을 위해 훨씬 강화된 대책이 필요하다는 의견을 밝혔습니다. 온실가스 배출량 감축을 위한 국제사회의 노력이 매우 부족하여 금세기 말까지 산업화 이전 대비 1.5℃ 상승 억제라는 목표가 숨을 헐떡이고 있다고 했습니다. 이 말은 2022년 유엔환경계획이 발간한 '배출량 간극 보고서 2022'의 부제 '닫혀가는 기회'를 인용한 것으로 보입니다. **구테흐스 유엔사무총장은 "우리는 여전히 잘못된 방향으로 가고 있다"라고 합니다.** 그래서 기후위기의 심각성에 응답할 수 있는 실질적인 대책을 만들어야 한다고 말합니다. 또한, 그린 워싱, 책임회피, 발표 재포장 등으로 시간을 허비하는 자리는 없어야 한다고 합니다.

실질적인 대책을 세우려면 얼마나 더 노력해야 할까요? '배출량 간극 보고서 2022'는 파리협정의 지구 온도 상승 억제 목표를 달성하려면 2030년까지 지금보다 3~6배나 많은 온실가스 감축 노력이 따라야 한다고 평가하고 있습니다.

세계 각국 탄소중립 정책의 낮은 신뢰도

과학 분야에서 가장 권위 있는 학술지인 《사이언스》는 2023년 6월 영국 임페리얼칼리지런던의 로겔지 교수가 이끄는 국제 공동연구팀의 흥미로운 논문을 발표했습니다. 세계 온실가스 배출량의 80% 이상을 차지하는 35개국을 대상으로 탄소중립 정책의 신뢰도를 분석한 논문입니다.

2015년에 합의된 파리협정은 지구의 연평균기온 상승을 산업화 이전 대비 2℃를 넘지 않게 하자는 것이었습니다. 그 후 추가적인 협상을 통해 한층 강화된 목표를 설정하였는데, 산업화 이전 대비 1.5℃를 넘어서지 않도록 하는 것입니다. 이를 위해서는 가능한 한 빨리 온실가스 순배출량이 '0'이 되도록 하는 탄소중립을 달성해야 합니다. 탄소중립이란 인간 활동을 통해 배출하는 탄소 총량이 자연의 대기 중 탄소 흡수량을 넘지 않는 상태를 말합니다. 각국은 이를 위한 목표를 정하고 있지만, 조사 대상 국가의 90%가 실행 측면에서 신뢰도가 낮다는 결과를 얻었습니다. 탄소중립 정책에 있어, 이행 신뢰도 '높음'으로 평가받은 국가는 유럽연합EU, 영국 그리고 뉴질랜드뿐이었습니다. 따라서 **파리협정의 목표인 '금세기 말까지 기온상승 폭 1.5℃ 이내 억제'는 지켜지지 못할 가능성이 크다는 결론입니다.** 또한, 세계 각국이 현재의 탄소중립 정책을 유지한다면 21세기 말까지 기온이 2.5~3.0℃ 상승할 것으로 전망했습니다.

4장

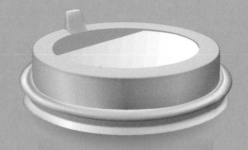

기후위기 대응이
제대로 안 되는
이유가
무엇일까?

파리협정으로 기후위기 대응이 가능할까?

파리협정

파리협정은 지구 평균온도 상승을 적정한 범위 내에서 억제하기 위해 세계 각국의 온실가스 배출량을 줄여가기로 한 국제협약입니다. 2015년 12월 파리에서 개최된 제21차 기후변화협약당사국총회(COP21)에서 합의되었고 2021년 발효되었습니다. 파리협정이 맺어지기까지의 여정과 파리협정 내용을 간략히 소개하면 다음과 같습니다.

각국의 온실가스 배출량을 줄여 기후변화에 대응하려는 국제협약이 유엔기후변화협약이고, 1992년 유엔환경개발회의(리우회의)에서 채택되었습니다. **기후변화협약에 가입한 전 세계 195개국의 온실가스 감축을 강제한 최초**

2015년 기후변화협약당사국총회(COP21)에 참석한 각국 대표

의 국제법은 1997년 제3차 기후변화협약당사국총회(COP3)가 열린 교토에서 채택된 교토의정서였습니다. 교토의정서는 기후변화협약에 가입한 195개국 중 산업혁명 이후 현재까지 온실가스 누적 배출량이 가장 많은 선진 37개국에만 감축의무를 부과하였고, 나머지 국가들에는 성실감축의무만 부과였습니다.

법의 효력은 5년간(2008~2012년)만 유효하도록 하였습니다. 하지만 포스트 교토의정서 체제를 만들기로 합의했던 2009년 코펜하겐 제15차 기후변화협약당사국총회(COP15)가 실패로 끝나는 바람에 교토의정서의 효력은 2020년까지 연장되었습니다. 교토의정서에 따라 감축의무를 지게 된 선진 37개국의 연간 온실가스 배출량은 전 세계 배출량의 약 30%에 불과했고, 이들의 감축 목표량도 1990년 대비 5.2%에 불과했습니다. 교토의정서가 성실하게 지켜진다 해도 기후변화를 되돌릴 수 있는 수준과는 한참 거리가 멀었습니다. 교토의정서는 국제사회가 본격적으로 온실가스 감축에 들어가기 전에 시행해본 예행연습의 수준이었다고 말할 수 있습니다.

기후변화협약에 가입한 당사국 모두가 온실가스를 의무적으로 대폭 감축하여 지구의 온도상승을 일정 수준 이내로 지켜내자고 합의한 국제법이 2015년에 합의된 파리협정입니다. 파리협정은 유럽연합에서 제시한 기후목표인 '지구 평균온도 상승을 금세기말까지 산업화 이전 대비 2℃ 이내로 억제하는 것'을 목표로 했습니다.

이 목표에 따라 기후변화협약당사국 모두 2030년까지 달성할 자국의 온실가스 배출 감축 목표량을 유엔에 제출하기로 합의했습니다. 파리협정의 목표를 감안하여 자국의 감축 목표량을 재량껏 정하기로 한 것입니다. 이에, 각국의 감축 목표량을 국가온실가스감축목표량이라고 부릅니다. 파리협정의 출범에 맞춰 2015년 첫 번째 NDC가 제출되었습니다. NDC를 합산해보니 파리협정에서 합의한 지구 온도상승 억제 목표를 달성하기엔 턱없이 부족한 수

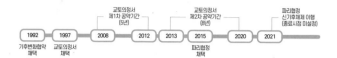

교토의정서-파리협정 차이점 비교

교토의정서	구분	파리협정
온실가스 배출량 감축 (1차: 평균 5.2%, 2차: 평균 18%)	목표	산업화 이전 대비 지구평균온도 2℃보다 현저히 낮은 수준 유지 및 1.5℃ 상승억제 노력
주로 온실가스 감축에 초점	범위	온실가스 감축만이 아니라 적응, 재원, 기술이전, 역량배양, 투명성 등을 포괄
주로 선진국	감축 의무국가	모든 당사국
하향식	목표 설정방식	상향식
기준연도 배출량 및 국별 여건 고려	목표 설정기준	진전원칙(다음 NDC는 현재 NDC보다 높은 수준으로 설정)
징벌적(미달성량의 1.3배를 다음 공약기간 할당량에서 차감)	목표 불이행시 징벌 여부	비징벌적
공약기간에 종료 시점이 있어 지속가능한지 의문	지속가능성	종료 시점을 규정하지 않아 지속가능한 대응 가능
국가 중심	행위자	다양한 행위자의 참여 독려

교토의정서에 따른 의무감축 국가

오스트리아, 벨라루스, 벨기에, 불가리아, 크로아티아, 키프로스, 체코, 덴마크, 에스토니아, 유럽연합, 핀란드, 프랑스, 독일, 그리스, 헝가리, 아이슬란드, 아일랜드, 이탈리아, 카자흐스탄, 라트비아, 리히텐슈타인, 리투아니아, 룩셈부르크, 몰타, 모나코, 네덜란드, 노르웨이, 폴란드, 포르투갈, 루마니아, 슬로바키아, 슬로베니아, 스페인, 스웨덴, 스위스, 우크라이나, 영국 등 37개국

(출처: 파리협정 함께 보기, 환경부, 2022)

2018년 우리나라에서 열린 제48차 IPCC 총회

준이었습니다. 이에 5년 후에 훨씬 강화된 NDC를 다시 제출하기로 합의했습니다.

그런 가운데 **2018년 우리나라 송도에서 열린 제48차 IPCC 총회에서 지구 평균온도 상승 억제 목표를 2배로 강화하자는 합의가 이뤄졌습니다.** 이에 따라 각국은 2015년 제출했던 NDC보다 훨씬 강화된 NDC를 2020년까지 다시 제출해야 했습니다. 물론 우리나라도 2021년 11월 당시 문재인 정부가 대폭 강화된 NDC를 제출했습니다. 2018년 대비 40%를 줄인다는 계획이었고, 어느 항목에서 얼마나 줄일 것인지도 제시했습니다. 이처럼 기후변화협약당사국들은 2020~2021년 유엔에 새로운 NDC를 제출했습니다.

중요한 것은 이것이 제대로 실천되고 있는가입니다. 당사국들은 2024년부터 2년마다 유엔에 '격년 투명성 보고서'를 제출하여 검증받아야 합니다.

파리협정 목표의 달성 가능성

유엔환경계획은 2010년부터 매년 '배출량 간극 보고서'를 발간하고 있습니다. 보고서의 주요 내용은 온실가스 배출량 감축 목표량과 실제 배출량 간의 간극 자료입니다. 국제사회가 목표로 하는 것은 2030년까지 1990년 배출량 대비 45% 감축하고, 2050년 이전에 탄소중립에 도달하고, 2050년 이후부터 탄소중립을 넘어 감축량이 배출량보다 많아지는 단계로 나아가는 겁니다. 탄소중립이란 자연이 제거하는 이산화탄소량만큼만 배출함으로써 대기 중 이산화탄소 농도가 더 이상 증가하지 않는 상태를 말합니다. 이 보고서를 통해 전 세계의 온실가스 배출량 증감 추세를 파악할 수 있고, 점점 커지고 있는 간극이 장래에 어떤 기후위기 문제를 초래할지 전망해볼 수 있습니다.

2022년 보고서는 파리협정 목표를 달성할 가능성이 사실상 닫혔다고 평가했습니다. 만약 10년 전부터 세계 각국이 온실가스 배출량 감축에 진지하게 임해 매년 3.3%씩 감축했으면 파리협정의 2030년 목표치를 달성할 수 있었습니다. 이제는 매년 7.6%씩 감축해야 파리협정 목표를 달성할 수 있습니다. 여전히 온실가스 감축은 지지부진한 상황인데, 2025년까지도 적절한 대응을 못 한다면 2026년부터는 매년 15.5%씩 감축해야 합니다. 이것은 도저히 달성할 수 없는 과제입니다. 그래서 이 보고서의 부제가 '닫혀가는 기회'였습니다. 시험을 앞둔 학생이 미리 대비해놓지 않으면 막판에 밤을 새워 벼락치기 공부를 해야 하는 것과 같은 이치입니다.

기후변화협약당사국들이 제출한 NDC 자체도 파리협정 목표를 달성하기에는 턱없이 부족합니다. 또한 세계 각국의 NDC의 90% 이상이 실천 가능성이 희박하다는 평가를 받고 있습니다. 그나마 EU, 영국, 뉴질랜드 정도가 실천 가능한 충실한 NDC를 제출했다는 평가입니다. 우리나라도 NDC를 달성하려면 2018년부터 2030년까지 매년 온실가스 배출량을 4%씩 줄여가야 합니다. 하지만 실제로는 코로나19의 영향으로 화석연료 사용이 일시적으로 감소했던 2년간(2019~2020년)을 제외하고는 제대로 감축하지 못하고 있는 상황입니다.

현재의 전 세계 온실가스 배출 수준으로 볼 때 21세기 말까지 지구 평균온도 상승은 파리협정 목표인 1.5℃를 훌쩍 뛰어넘어 2.8℃에 이를 것이라는 전망입니다. 파리협정 목표인 '산업화 이전 대비 지구 평균온도 상승 폭 1.5℃'는 이미 2023년 봄에 일시적으로 초과했습니다. 게다가 2023년 7월 3일 지구 평균온도가 17.01℃로 나타났는데, 이것은 기상관측 역사상 가장 높은 값입니다. 21세기 중반쯤에는 2℃ 상승에 이를 것이라는 암울한 전망입니다. 극단적인 기후위기 현상은 가파르게 늘어갈 것입니다.

전 지구인이 나서야 기후위기 대응이 가능할까?

국가별 탄소배출 상황

산업혁명 이래 지금까지 세계 각국이 온실가스를 배출한 총량(누적 배출량)을 조사해보면 미국(25%), 유럽(29%), 중국(13%), 일본(4%)의 순서로 많습니다. 이를 합하면 70%를 넘어섭니다. 이 국가들은 오늘날에도 여전히 온실가스 배출량이 압도적으로 많습니다. 특히 미국은 다른 어떤 나라보다 훨씬 많은 이산화탄소를 배출해 왔습니다. 18세기 중엽에 시작된 산업혁명 이래, 전 세계 배출량의 1/4을 미국이 배출했습니다. 지난 10년간 미국의 탄소배출량은 감소하고 중국의 탄소배출량은 많이 증가하여 이제는 중국이 미국보다 2배나 많이 배출합니다. 하지만 1인당 탄소배출량은 여전히 중국이 미국의 절반에도 미치지 못합니다.

세계에서 가장 가난한 사람들이 모여 있는 사하라사막 이남 지역의 10억 명은 미국의 1인당 탄소배출량의 5%에도 미치지 못합니다. 2019년 기준으로 탄소배출량이 가장 많은 상위 5개국(중국, 미국, 인도, 러시아, 일본)의 총 배출량은 전 세계 배출량의 70%가 넘습니다. 기후변화협약에 가입한 195개국 중에서 소득순위 상위 10%에 들어가는 부자 국가들이 감당해야 할 책임이 압도적이라고 말할 수 있습니다. **G20 국가들이 연간 배출하는 온실가스 총량이 전 세계 배출량의 80%를 넘습니다. 우리나라의 탄소배출량은 9번째로 많고, 1인당 배출량(약 12톤)은 세계 18위인데 전 세계 평균보다 약 2.5배 많습니다.**

소득 수준별 개인의 탄소배출량 상황

개인의 소득 수준에 따른 온실가스 배출량도 큰 격차를 보입니다. 그래서 탄소배출에 대한 책임을 제대로 평가하려면 한 국가가 배출하는 총량보다 개인 소비성향(실제 소비를 통해 배출하는 탄소의 양)을 기준으로 해야 한다는 목소리가 높습니다. 예를 들어 중국, 인도, 인도네시아 등은 국가별 탄소배출량은 많지만 1인당 탄소배출량 순위와 소비성향에 따른 탄소배출량은 낮은 편입니다. 탄소배출량을 국가별 소비성향 기준으로 바꾼다면 소득이 높은 선진 국가들의 책임이 훨씬 높게 평가됩니다. 사실 기후변화협약이 맺어진 이후 선진 국가들은 탄소배출량 부담이 큰 산업시설을 포기하거나 개도국으로 이전했습니다.

영국 리즈대학이 전 세계 86개국을 대상으로 소득 수준에 따른 에너지소비량을 조사해보니, 에너지소비량이 많을수록 탄소배출량도 많은 것으로 나타났습니다. 소득 상위 10% 사람들은 소득 하위 10% 사람들보다 약 20배나 더 많은 에너지를 소비하고 있었습니다.

탄소배출량의 90%는 소득 상위 50%에 해당하는 사람들의 책임입니다. 상위 1%에 해당하는 사람들의 1인당 연간 탄소배출량은 75톤이 넘습니다. 전 세계에서 탄소배출량이 가장 많은 개인별 순위 자료도 발표되고 있습니다. 그들의 1인당 탄소배출량은 1,000톤을 훨씬 넘습니다. 게다가 이동 수단으로 개인용 비행기를 사용하는 것도 공통적입니다. 상위 10%로 범위를 넓혀도 1인당 연간 탄소배출량이 약 25톤이나 됩니다. 반면에 하위 50%에 해당하는 사람들이 배출하는 탄소배출량은 연간 1톤에도 못 미칩니다. 파리협정의 목표량을 달성하려면 1인당 탄소배출량을 2.1톤으로 줄이면 됩니다. 이렇게 보면 기후위기 대응을 위한 온실가스 감축에 나서야 할 책임은 넓게 보아 소득 상위 50%의 사람들, 좁게 본다면 상위 10%에 해당하는 부자들이라고 할 수 있지 않을까요?

사실 소득 상위 10%에 해당하는 사람들이 1인당 탄소배출량을 유럽 평균 수준(약 6톤)으로만 줄여도 전 세계 배출총량의 1/3을 줄일 수 있습니다. 2030년까지 달성해야 할 파리협정 목표에 근접할 수 있는 양입니다. 우리나라도 유엔에 약속한 NDC를 달성하려면 1인당 탄소배출량을 유럽 평균 수준으로 감축하면 됩니다. 지금의 절반 수준에 해당합니다.

공동의 그러나 차별성 있는 책임

1992년 브라질 리우데자네이루에서 개최된 유엔환경개발회의에서 전 세계 195개국의 참여로 기후변화협약이 체결되었습니다. 기후변화협약은 1994년 국제법으로서 발효되었습니다. 1995년 첫 번째 기후변화협약당사국총회(COP1)가 베를린에서 열렸는데, 이 회의에서 기후변화협약당사국 195개 나라가 분담해야 할 온실가스 감축

의무량 배정에 대한 대원칙이 나왔습니다. 그것은 '공동의 그러나 차별성 있는 책임'의 원칙이었습니다. 온실가스 감축에 모든 나라가 함께 노력하되, 산업혁명 이래 누적 배출량이 많은 나라가 더 많은 책임을 져야 한다는 말이었습니다. 이 원칙을 확장해 생각해보면, **온실가스 배출량이 많은 부자나라와 부자들이 더 많은 책임을 져야 한다는 말임을 알 수 있습니다.**

지구에서 살아가고 있는 모든 나라의 모든 사람은 지구 공동체 일원으로서 저마다의 책임을 다해야 합니다. 하지만 기후위기를 만들어내고 있는 책임에 차이가 존재한다는 것도 엄연한 사실입니다. 따라서 책임의 크기를 분명하게 구별하고, 책임이 큰 사람들이 더 큰 책임을 지는 것이 정당하고 효과적인 행동이라고 생각합니다. "우리 모두가 기후변화에 책임 있다는 것은 지어낸 말이고 무책임을 조장하는 위험한 것"이라고 지적하는 기후학자도 있습니다.

재생에너지 시설을 대폭 확대하고 있다는데,
그래도 부족한가?

재생에너지의 전력 생산 발전단가

전 세계의 분야별 통계자료를 제공하는 사이트로 유명한 '자료의 세계Our World in Data'에서 최근 10년 동안(2009~2019년)의 주요 전력 생산 에너지원의 발전단가 변화를 찾아볼 수 있습니다. 지난 10년 동안 가격이 가장 많이 내린 에너지원은 태양광발전이고, 그다음은 연안풍력Onshore wind입니다. 먼바다에서 생산하는 외해풍력Offshore wind도 발전 원가가 30% 이상 내렸습니다. 석탄Coal은 보합 수준이고, 원자력Nuclear energy은 60% 이상 올랐습니다.

결국 **오늘날 가장 싼 에너지원은 연안풍력과 태양광발전**

이고, 원자력발전이 가장 비싼 에너지원으로 변했습니다. 세계기상기구도 2023년 발간한 '2022년 세계 기후 현황 보고서'에서 가장 저렴하면서도 전력 생산과정에서 탄소를 배출하지 않는 발전원으로 태양광발전과 연안풍력을 꼽았습니다. 태양광발전은 1976년도 발전단가 대비 99.6%나 낮아졌습니다. 2021년도 에너지원별 발전단가에서는 태양광발전이 연안풍력을 제치고 가장 값싼 에너지원의 자리를 차지했습니다.

원자력발전은 방사능폐기물 처리의 어려움과 사고 발생 시의 치명적인 위험성을 제쳐두고 가격경쟁력만 비교해도 이제는 재생에너지에 경쟁력을 잃어가는 상황입니다. 원자력발전은 우라늄을 채취해 가공하는 단계에서 에너지가 소비되기 때문에 1kW의 전력 생산에 20g의 이산화탄소가 배출되는 것으로 알려져 있습니다. 반면에 태양광발전은 패널의 생산과정에 소비되는 에너지를 감안하여 1kW 전력 생산에 15g의 이산화탄소가 배출되는 것으로 파악됩니다.

원자력발전에 비하면 태양광발전에 필요한 부지가 너무 넓다는 지적이 있습니다. 하지만 태양광발전은 건물 옥상, 주차장, 도로, 강변 등과 같은 유휴 부지를 이용할 수 있습니다. 또 최근에는 농경지 위에 설치하여 지상에는 농사를 짓고 경작지 위에서 태양광발전을 하는 영농복합발전도 널리 보급되고 있습니다. 농작물 생산에 불필요하다고 평가되는 양만큼의 햇빛만 발전에 이용하니 농작물 생산에 피해를 주지 않습니다. 태양광발전의 수명이 끝나면 그 토지는 새로운 용도로 사용할 수도 있습니다. 하지만 원자력발전소 부지로 사용된 땅은 발전소 수명이 다한 후엔 다시 사용할 수 없는 죽음의 땅이 됩니다. 토지가 방사능에 오염되었기 때문에 다른 용도로 사용할 수 없습니다.

재생에너지의 빠른 보급

2022년 12월 국제에너지기구IEA는 '2022년 재생에너지 보고서Renewables 2022'를 통해 2000년대 이후 재생에너지 확대 현황과 향후 5년을 전망한 바 있습니다. 그 내용은 다음과 같습니다.

2001~2021년의 20년 동안 재생에너지 보급은 그 이전 5년의 성과에 비해 2배씩 확대되어왔습니다. 그리고 2022~2027년의 5년 동안에는 이전 20년간 공급된 양에 버금갈 만큼 확대될 것으로 전망됩니다. 그때까지 누적

미국 캘리포니아 사막의 태양광발전소

태양광발전 용량은 1,500GW로 늘어날 것으로 예상되며, 2026년까지 천연가스를 앞서고, 2027년이면 석탄을 넘어서 전력 생산 에너지원의 선두 자리를 차지하게 될 것입니다.

태양광발전은 유틸리티 규모(MW급 대용량)로 건설한다면 전 세계 대부분의 나라에서 가장 저렴한 발전이고, 건물 옥상에 설치하는 태양광발전과 같은 소규모 발전도 소매 전기 가격 상승과 정책지원에 힘입어 가격경쟁력을 확보할 수 있게 되어 더욱 빠르게 성장해갈 것으로 전망됩니다.

2022년 보고서가 나온 지 1년이 지난 2023년, 국제에너지기구는 그해에 신규로 설치된 재생에너지 용량이 440GW에 달하여 2022년보다 32%나 증가했다고 밝혔습니다. 이 중에서 태양광발전은 2/3에 이르는 290GW, 풍력은 1/4에 이르는 107GW로 파악되었습니다. 이것은 2022년에 전망했던 것보다 훨씬 높은 수준이었습니다. 이렇게 전 세계의 재생에너지 설치 규모는 국제에너지기구가 전망한 것보다 훨씬 빠르게 확대되어가고 있습니다.

설치용량이란 1시간 동안 전기를 생산할 수 있는 용량을 말합니다. 우리나라에서 태양광발전소를 건설한다면 연평균 해서 1일에 4시간 정도 발전이 됩니다. 2023년에 전 세계에 설치된 태양광 발전용량 290GW를 우리나라에 설치했다면 1년 동안 얼마나 많은 전기를 만들 수 있을까요?

290GW×4시간×365일=423,400GW=423.4TWh의 전기를 생산할 수 있습니다. 우리나라의 1년간 전력소비량이 대략 560TWh이므로, 우리나라 전력소비량의 약 75%를 만들어낼 수 있습니다. 여기에 풍력발전 설비용량 107GW가 만들어낼 전기까지 합하면 2023년 한 해 동안

중국 신장의 풍력발전소

전 세계에 공급된 재생에너지 용량은 우리나라 전체 전력 소비량을 대체하고도 많이 남아도는 규모입니다.

장래에는 재생에너지 공급이 더욱 빠르게 이뤄질 겁니다. 테슬라를 포함한 전 세계 글로벌기업들과 미국, 중국, 유럽, 호주, 사우디아라비아 등에서 지금까지와는 비교할 수 없을 정도의 규모로 재생에너지를 설치하려는 계획을 발표하고 있습니다. **전 세계 주요 국가들은 향후 20~30년 이내에 재생에너지로 모든 에너지를 대체할 수 있을 것으로 전망하고 있습니다.**

'원전 르네상스'와 미래

원전도 재생에너지처럼 전력 생산과정에서 탄소를 배출하지 않는 전력원입니다. 하지만 발전소 운영과정에서 나오는 방사능 오염물질을 제대로 처리할 수 없고, 사고가 발생하면 치명적입니다. 그렇다 보니 그동안 대형 사고가 있을 때마다 원전이 안고 있는 가공할 위험성이 부각되고, 원전은 한동안 침체기를 맞곤 했습니다. 미국의 스리마일(1979년), 구소련의 체르노빌(1986년), 일본의 후쿠시마(2011년) 등이 대표적입니다. 하지만 수년의 시간이 지나면 원전에 대한 미련이 살아나 다시 부흥기를 맞이했습니다. 이를 '원전 르네상스'라 부르기도 합니다.

1986년 구소련의 체르노빌 원전에서 시설 노후화가 원인이 되어 대형사고가 발생했습니다. 그 후로 수십 년이 흘렀지만 사고의 여파는 여전히 이어지고 있고 앞으로도 영원히 해결할 수 없는 문제로 남을 겁니다. 체르노빌 사고 이후 전 세계에서 탈원전의 목소리가 높아지고 원전사업은 침체에 빠졌습니다. 체르노빌 사고로부터 20년쯤 흐른 2004년 '가이아 이론'으로 유명한 영국의 화학자 러브록이 《인디펜던트》에 원전 사용의 불가피성을 주장하는 글을 실었습니다. 러브록은 지구온난화 문제를 막을 수 있는 유일한 방법은 전 세계가 원전을 널리 사용하는 것이라고 했습니다. 하지만 러브록의 주장에 대해서 국제원자력기구IAEA조차도 보고서를 통해 원자력만으로 지구온난화 문제를 해결할 수 없다고 밝혔습니다. 전 세계가 러브록이 주장하는 것만큼 원전을 대대적으로 사용하는 것 자체가 불가능하다고 지적했습니다.

그럼에도 러브록의 과감한 주장을 계기로 전 세계 원전 업계는 원전 사용 확대를 추진하였고, 그에 호응하여 원전 건설에 나서는 국가들이 늘어났습니다. 원전 업계는 다시 르네상스 시대를 맞이하는 것처럼 보였습니다. 우리나라도 2007년 집권한 당시 이명박 정권이 대대적인 원전 확대를 내세웠습니다. 이명박 정권도 원전 확대의 명분을 러브록이 그랬던 것처럼 기후변화 대응에서 찾았습니다. 녹색산업 성장을 통한 온실가스 감축을 주장하다가, 결국 원전 확대를 통한 탄소배출량 감축이라는 명분을 내걸었습니다.

그러나 2011년 후쿠시마 원전 사고로 원전 르네상스는 오래가지 못했습니다. 이는 전 세계가 원전의 위험성을 다시 깨닫는 계기가 되었고, 원전 비중을 축소하거나 탈핵을 선언하는 등 원전에 의존하는 분위기가 사라지게 되었습니다.

최근에도 화석연료 탈피의 대안으로 원전 확대를 내세우는 나라들이 일부 있지만, 태양광과 풍력을 이용하는 재생에너지가 대안이라는 점에 대부분의 나라가 동의하고 있는 상황입니다. 1950년대에 처음 원전을 건설한 이래로 고준위 폐기물을 안전하게 처분할 수 있는 안전한 지반구조를 갖춘 부지를 찾아 나섰지만, 70년이 지나도록 그런 지반을 찾지 못하고 있습니다. 원전 사고에 대한 공포심도 여전합니다. 무엇보다도 이제는 재생에너지의 전기 생산 단가가 원전보다 훨씬 낮습니다. 재생에너지 분야의 기술개발 속도가 매우 빨라서 가격 격차는 갈수록 더 벌어질 것으로 예상됩니다. 안전하고 저렴한 재생에너지 대신 원전을 선택할 이유는 없을 것으로 전망합니다.

우리나라의 재생에너지 발전이 더딘 이유

우리나라의 재생에너지 비중은 8.5% 정도로 OECD 국가 중에서 가장 낮습니다. 재생에너지 발전 사업자들이 마을 주민들의 저항에 부딪혀 사업을 포기하는 경우도 많습니다. 왜 그럴까요? 그 이유를 생각해봅니다.

사막이나 황무지가 많은 국가들은 그런 유휴지를 이용

해 태양광발전 시설을 대규모로 만들고 있습니다. 자국의 해양영토가 넓고 풍속이 강한 나라들은 육지에서 멀리 떨어진 바다에 대규모 풍력발전 시설을 만들고 있습니다. 대기업에서 많은 자금을 들여서 사업을 추진하기 쉽습니다. 재생에너지 발전의 경우도 규모가 클수록 설치비용도 적게 들고 관리도 편해서 보다 저렴한 가격으로 전력을 생산할 수 있습니다.

우리나라는 산림청 통계에 의하면 국토의 63%가 산지입니다. 농지 면적은 국토의 약 20%이고, 나머지는 산업단지 또는 주거지(도시)입니다. 사막이나 황무지로 분류될 수 있는 땅은 거의 없는 실정입니다. 우리나라는 대규모 태양광발전 시설을 짓기에 부적합하다는 뜻입니다. 그런데도 우리나라의 재생에너지 발전시설은 대부분 대규모로 만들어지고 있습니다. 자본력 있는 대기업들이 산지를 훼손하고 대규모 태양광발전소나 풍력발전소를 짓는 방식에 의존했습니다.

산지 태양광발전소는 산림 경관을 해칠 뿐만 아니라 여름철에 홍수가 발생하면 산사태의 원인이 되어 주민들의 원성을 샀습니다. 따라서 최근에는 산지 태양광발전소 건설에 엄격한 규제가 도입되어 추가적인 사업은 사실상 불가능한 상황입니다. 산지 태양광발전소의 대안으로 서해안 지방에 조성된 간척지에 태양광발전 시설을 대규모로 만들려는 시도가 있었습니다. 이럴 경우 간척지에서 임차인 신분으로 농사를 짓고 있는 농민들은 삶터에서 쫓겨나게 됩니다.

풍력발전 시설은 바람이 강한 백두대간 정상이나 어족자원의 중요 서식지인 서해안 연안 지역 등에 대규모로 건설해왔습니다. 그렇다 보니 산촌 사람들과 어민들의 반발이 이어졌습니다. 실제로 대규모 태양광이나 풍력발전 시설이 대기업 주도하에 주민참여가 배제된 채 지어지면서 지역주민들이 일방적으로 피해를 보는 경우가 적지 않았습니다. 이렇게 **우리나라의 태양광과 풍력발전 시설 건설은 주민들의 반발 속에 억지로 진행된 경우가 많습니다.**

우리나라는 도시의 건물이나 산업단지 공장의 옥상, 고속도로변, 철로 주변, 자전거전용도로 등의 유휴 부지를 활용해 적정규모의 태양광발전 시설을 많이 만드는 것이 적합합니다. 또 농촌에서 농사와 태양광발전을 병행하는 영농복합발전 시설을 많이 건설하는 것도 바람직합니다. 이런 경우 투자의 주체가 농민이 되도록 정책적 배려가 따라야 합니다. 영농복합발전이란 농사짓는 땅 위에 태양광발전 시설을 짓는 것입니다. 이때 농사에 태양광이 부족하지 않도록 시설을 설치하지만, 혹시 농작물 성장에 햇빛이 부족할 때는 식물 광합성에 이용되는 파장대의 빛을 공급하는 LED등을 설치하는 식으로 해결할 수 있습니다.

재생에너지 발전은 다음의 3가지 요소를 갖출 때 가장 바람직합니다.

첫째, 해당 지역에서 생산된 재생에너지는 그 지역에서 소비되도록 하는 분산형 생산이어야 합니다. 대규모 생산보다 소규모 발전시설을 많이 건설하는 것이 환경과의 조화도 이룰 수 있는 바람직한 방식입니다.

둘째, 해당 지역 고유의 자연에너지를 활용할 수 있어야 합니다. 태양에너지가 많은 곳에서는 태양광발전, 풍속이 연중 균질하게 강하게 부는 곳에서는 풍력발전을 해야 합니다.

셋째, 지역주민들의 소득향상에 기여하고 지역경제 활성화에 도움이 되도록 설계해야 합니다. 하지만 우리나라의 재생에너지 정책은 이 세 번째 조건을 무시하고 추진되어 왔기 때문에 주민들이 동네에 태양광이나 풍력발전 시설이 들어서는 것에 크게 반발한 것입니다. 이것이 우리나라의 재생에너지 발전을 더디게 만든 중요한 이유가 되고 있습니다.

우리나라의 재생에너지 공급 전망

2023년 1월, 정부는 제10차 전력수급기본계획(2022~
2036)에서 신재생에너지 보급 목표치를 기존 대비 대폭
낮추는 조치를 했습니다. 2030년까지 재생에너지 비중
을 30.2%로 높이고자 했던 기존 계획에서 8.6%나 낮춰
21.6%로 변경했습니다. 특히 2027년까지는 재생에너지
생산이 거의 늘어나지 않는 수준으로 대폭 수정했습니다.
전 세계가 기존 계획을 수정하여 목표치를 더 높여가는
경향과 완전히 거꾸로 가는 정책입니다. **우리나라의 재생
에너지 비중은 OECD 국가 중에서 꼴찌 수준이며, 2030년
까지 재생에너지 비중을 30.2%로 높여도 여전히 최하위권
을 벗어나지 못합니다.**

파리협정을 지켜가기 위해서 국제사회는 산업 부문에
서 재생에너지로 제품을 만들 것을 요구하고 있습니다.
유럽연합은 재생에너지로 만들지 않은 제품에 대해 높은
관세장벽을 설정했습니다. 탄소국경세라는 제도입니다.
따라서 우리나라에 재생에너지가 부족하면 제품 생산기
지를 해외로 옮길 수밖에 없습니다.

전 세계 글로벌기업들은 RE100Renewable Energy 100% 클럽을 만들어 2050년까지 모든 영업활동에서 소비되는 전력을 전부 재생에너지로 충당한다는 계획을 세웠습니다. 이제 글로벌기업에 납품하는 기업들도 재생에너지로 생산해야 합니다. 우리나라 대기업들로서는 발등의 불과 같은 과제입니다. 이런 배경에서 우리나라 기업들도 속속 RE100 클럽에 가입하기 시작했습니다. 글로벌기업들과 거래하려면 우리나라 기업들도 재생에너지 사용 100% 기준을 맞춰야 하기 때문입니다. 이런 상황에서 오히려 재생에너지 생산 목표를 낮춘 것은 앞으로 우리나라 경제에 큰 부담으로 작용할 수밖에 없습니다.

기후불평등, 기후정의 문제를 어떻게 해야 할까?

기후불평등

기후위기의 원인이 된 온실가스 배출은 부자와 부자나라의 책임이 압도적으로 큽니다. 그런데 기후재해로 인한 피해는 빈자와 가난한 나라들에 돌아갑니다. 부자들은 웬만한 기후재해에는 버틸 수 있도록 대비를 갖춘 곳에 거주하고 있기 때문입니다.

우리나라도 역사가 오래된 마을에 가보면 양반들이 살았던 집은 가장 높은 지대에 있다는 사실을 알아챌 수 있습니다. 지대가 높으면 홍수 시에 물이 잘 빠지고 공기도 좋기 때문입니다. 이렇게 사람들은 안전한 곳을 선호하는데, 부자들이 그런 곳을 선점하여 살아갑니다.

기후재해로 흉작이 들면 식량 생산이 줄어들고 가격이 오르게 됩니다. 지구 평균기온이 산업화 이전 대비 2℃ 오르면 기아 인구가 약 1억 9,000만 명, 4℃ 오르면 약 18억 명이 새로 발생할 것으로 전망되고 있습니다. 굶주림은 가난한 사람과 가난한 나라의 몫으로 돌아갑니다. 이처럼 **기후위기로 인한 피해가 그 책임이 있는 부자가 아니라 책임 없는 빈자들에게 돌아가는 현상을 기후불평등이라고 합니다.**

기후불평등은 세대 간에도 존재합니다. 기후위기를 만든 책임은 기성세대들에게 있는데, 피해는 차세대들에게 더 많이 돌아갑니다. 지금 태어나는 사람들은 60년 전에 태어난 사람들보다 7배 증가한 폭염, 2배 많은 산불 그리고 3배 많은 가뭄과 홍수를 겪으며 살아야 합니다.

기후불평등을 다룬 국제회의

유엔인간환경회의

기후위기도 지구환경문제라고 생각할 수 있습니다. 지구환경 파괴도, 문제를 만든 이들은 물질적 풍요를 누리는 부자들이고 피해를 보는 이들은 굶주리는 사람들이라는 점에서 불평등한 문제입니다. 이 문제를 다룬 최초의 국제회의는 인류 최초의 환경회의로 평가받는, 1972년 스웨덴 스톡홀름에서 열린 유엔인간환경회의입니다. 이 회의에서는 지구환경문제를 일으키고 있는 부자나라(북쪽 나라들)와 피해를 보는 가난한 나라(남쪽 나라들) 간의 불평등 문제를 다뤘습니다. 이를 '지구환경의 남북문제'라고 칭하기도 합니다. 이 회의의 슬로건은 지금도 널리 사용하고 있는 **'하나뿐인 지구**Only one Earth**'**였습니다. 회의는 **'인간환경선언'** 채택이라는 성과를 거뒀고, 그 선언을 지속적으로 실천해가기 위해 유엔이 만든 조직이 유엔환경계획입니다. 오늘날 실행되고 있는, 지구환경문제와 관련된 거의 모든 활동은 유엔인간환경회의에 뿌리를 두고 있다고 해도 과언이 아닙니다.

인간환경선언은 환경보전이 인류의 복지, 기본적 인권, 생존권 향유를 위해 꼭 필요한 것이며, 환경의 보호와 개선은 인류의 복지와 경제적 발전에 영향을 미치는 중요한 과제라고 말하고 있습니다. 또한 이를 추구하는 것이 인류 공통의 지상 목표이고 모든 정부의 역할이라는 점을 지적하고 있습니다.

지속가능한 개발 보고서

세대 간 기후불평등 문제를 다룬 유엔의 보고서도 있습니다. 1987년 유엔의 세계환경개발위원회WCED는 '지속가능한 개발 보고서'라고도 불리는 **'우리 공동의 미래**Our Common Future**'** 보고서를 펴냈습니다. 이 보고서는 서언에 이런 메시지를 담고 있습니다.

모든 환경 및 개발정책의 궁극적인 목표는 개개인의 행복 달성에 있습니다. 개인의 행복 달성이야말로 모든 환경보전과 개발정책의 궁극적인 목표입니다. 개인 중에서도 특히 젊은 세대들의 삶이 중요합니다.

이 보고서를 접한 전 세계의 교사들은 이 보고서 내용을 젊은 세대에게 충실하게 전달하여야 합니다. 젊은 세대는 기성세대에게 자신들의 삶을 배려해줄 것을 당당히 요구할 권리가 있습니다.

기성세대가 자발적으로 이를 실천하지 않으면 청년세대는 모든 수단을 강구해서라도 기성세대에게 자신들의 미래를 해치지 않도록 요구할 권리가 있다는 사실을 알려주어야 합니다.

이 보고서가 전한 가장 중요한 메시지를 3가지로 요약하면 다음과 같습니다.

(1) 다음 세대도 지구상에 살아남아 있어야 할 뿐만 아니라 만족스러운 생활을 유지해갈 수 있어야 한다. 이를 위해서 현재 세대는 풍요와 편리성이 아니라 환경과 안전을 우선하는 새로운 생활방식을 선택해야 한다.

(2) 인류의 삶은 지구자원에 의존하고 있다. 그 자원을 다음 세대도 공평하게 사용할 수 있도록 하여야 한다.

(3) 개발의 이익을 공평하게 분배하고, 지구환경을 소중히 여겨 잘 보전하고, 지속가능한 생활양식을 몸에 익히면 지구환경의 위기로부터 벗어날 수 있다. 그래야 우리와 다음 세대가 지구에서 지속가능하게 살아갈 수 있다는 희망을 지킬 수 있다.

2019년 9월 24일 유엔에서 '기후행동 정상회의'가 열렸습니다. 이 회의에 초청받은 스웨덴의 기후위기 운동가 **그레타 툰베리**Greta Thunberg는 전 세계 정상들 앞에서 다음과 같이 연설했습니다.

2019년 '기후행동 정상회의'에서 연설하는 그레타 툰베리

여러분들은 여러분이 배출한 온실가스를 제거할 임무를 우리와 우리 자녀 세대에게 떠넘기고 있습니다. 여러분은 어떻게 지금까지 살아온 방식을 하나도 바꾸지 않고 몇몇 기술적인 해결책만으로 이 문제를 풀어나갈 수 있는 척 할 수 있습니까? 모든 미래세대의 눈이 여러분을 향해 있습니다. 여러분이 우리를 실망시키기로 선택한다면 우리는 결코 여러분을 용서하지 않을 것입니다.

이 연설 내용이야말로 '우리 공동의 미래'가 말한 다음 세대의 권리를 잘 표현한 것이라고 생각합니다. 요즘엔 매년 9월 24일이 되면 전 세계에서 청소년을 중심으로 많은 사람이 길거리로 나가 기성 정치권을 향해 큰 목소리를 내고 있습니다. 전 세계 젊은이들이 그레타 툰베리가 외친 메시지로 뭉쳐가고 있습니다.

제27차 기후변화협약당사국총회(COP27)

2022년 기후변화협약당사국총회(COP27)는 최초로 아프리카대륙의 이집트에서 개최되었습니다. 아프리카는 기후위기로 인한 피해를 가장 많이 보는 개도국들이 밀집되어 있습니다. 11월 6일부터 20일까지 이어진 이 회의의 핵심의제는 **부자나라와 가난한 나라들 사이에 존재하는 기후불평등의 해소** 문제였습니다. 기후변화로 인한 손실과 피해 대응을 위한 재원 마련 문제를 처음 정식의제로 채택한 회의였습니다.

2011년 기후변화협약당사국총회(COP16)에서 선진 국가들은 기후위기로 큰 피해를 보고 있는 개도국들을 지원할 목적으로 2020년까지 매년 1,000억 달러씩 조성하기로 합의했었습니다. 그리고 2021년(COP26)에는 이 기금의 조성을 2025년까지 연장하기로 합의하기도 했습니다. 하지만 실제로 조성된 기금은 미미한 수준에 불과했습니다. 기후변화협약당사국총회도 다른 국제회의와 마찬가지로 '합의는 잘하지만 실천은 못하는 한계'를 그대로 드러내고 있었던 겁니다.

이집트 회의에서 개도국들은 선진국들이 약속했던 재원 조성이 잘되지 않고 있는 것에 문제를 제기하였고, 선진국들은 2025년까지 연간 1,000억 달러의 기금이 조성되도록 계속 노력하겠다는 말을 되풀이했습니다.

개도국들은 이 기금과 별도로 새로운 기금의 신설을 요구하고 나섰습니다. 새로운 기금은 선진국들의 분담금 납부가 반드시 실천되도록 해야 한다는 요구가 강하게 나왔습니다. 이 문제로 인해 회의는 예정된 일정을 넘기면서 이어졌습니다. 결국 선진국과 개도국은 기금 신설에 합의하였고, 상세한 운영 방안에 대해서는 선진국-개도국 대표들로 준비위원회를 만들어 다음해 기후변화협약당사국총회가 열릴 때까지 논의를 이어가기로 하고 회의를 마쳤습니다. 그 후 준비위원회가 구성되어 회의를 몇 차례 이어갔지만 결국 2023년 상반기에 결렬되고 말았습니다. 양측의 입장차이를 좁힐 수 없었기 때문입니다. 국가 간의 기후불평등 문제를 해소해가는 문제가 이렇게도 어렵습니다.

기후정의

기후정의Climate Justice란 지금까지 살펴본 기후불평등이 발생하지 않는 것이라고 할 수 있습니다. 문제를 일으킨 사람과 그에 따르는 책임을 지는 사람이 달라서는 안 된다는 개념이라고 할 수 있습니다. 정의는 공평성과 평등을 핵심으로 합니다. 한쪽에서 계속 문제를 만들어내고 있는데, 문제의 원인과 무관한 쪽에서 그로 인한 피해를 받아야 하는 상황은 공평하지도, 평등하지도 않습니다.

기후정의 운동은 기후위기가 지구환경의 문제이면서 사회 문제라는 입장에서 출발합니다. 기후위기를 가져온 책임은 부자 나라와 가난한 나라들 사이에 큰 차이가 있습니다. 일찍이 산업혁명을 선도한 미국과 유럽의 누적 탄소배출량은 약 60%에 이릅니다. 반면에 아프리카 국가들의 누적 탄소배출량은 3%에도 미치지 못합니다.

그런데 기후위기로 인한 피해는 소득 수준이 낮고 기반 시설이 부족한 지역에 집중됩니다. 대표적인 기후위기 취약 지역은 서부·중부·동부 아프리카, 남아시아, 중남미 등인데, 이들 지역에서 지난 10년간 기후재해(홍수, 가뭄, 폭풍 등)로 사망한 사람의 수는 그 외의 지역 평균보다 15배나 많았습니다.

소득 차에 따라 탄소배출량도 현저하게 다릅니다. 전 세계에서 가장 부유한 1%가 배출하는 탄소량은 전 세계 배출량의 약 15%에 이릅니다. 소득순위 하위 50%는 전 세계 배출량의 불과 7%를 배출합니다. 그런데 부유층은 안전한 지대, 쾌적한 지역, 안전한 사회기반 시설이 갖춰진 곳에 거주하면서 기후재해에 대응할 수 있는 기술의 혜택을 누리면서 살아갑니다. 반면에 저소득층은 부자들과 정반대의 환경에서 살기에 기후재해에 취약합니다.

직업의 안정성도 기후위기 초래에 책임이 큰 부자들과 부자나라들은 높고, 가난한 사람과 가난한 나라들은 낮습니다. 부유층은 탈탄소 사회로 전환하기 위해 요구되는 새로운 산업 부문인 녹색기술 분야에서 오히려 큰 사업 기회를 얻습니다. 반면에 기존의 탄소 산업에 종사하거나 탄소 산업이 중심인 지역에 거주하는 노동자들은 일자리를 잃을 위험에 놓여있습니다.

국제노동기구ILO도 오래전부터 이 문제를 해결하기 위해 대책 마련에 힘을 쏟고 있습니다. 탈탄소 사회로의 전환 과정에서 노동의 안정에 주목하는 것을 **'정의로운 전환**Just Transition'이라고 합니다.

기후정의 운동

기후정의 운동은 2000년 네덜란드 헤이그에서 개최된 제6차 기후변화협약당사국총회에서 출발했습니다. 그로부터 7년이 지난 2007년 인도네시아 발리에서 열린 제13차 기후변화협약당사국총회(COP13)에서 '**기후정의네트워크**CJN, Climate Justice Now'가 만들어졌습니다. **이 조직은 기후위기는 인권과 민주주의에 관련된 문제이며 자본주의가 만들어낸 문제라는 인식에서 기후불평등을 만들어낸 체제를 바꿔야 한다고 주장합니다.** 또 기후위기 문제에 대응하기 위한 논의에 정치인, 기업가만이 아니라 농민, 원주민, 이주민, 노동자 등 사회경제적 약자와 소수자의 목소리를 담아내는 일에 앞장서고 있습니다.

우리나라의 기후정의 운동은 2011년 5월 환경·노동·시민단체와 정당 등 20개 단체가 모여서 '**기후정의연대**'를 만든 것이 출발점이었습니다. 우리나라의 기후정의연대도 기후정의네트워크와 마찬가지로 기후위기를 환경문제를 넘어 인권과 민주주의의 퇴보, 경제적 불평등 심화라는 사회문제로 인식하고 이의 해소를 지향하고 있습니다.

기후정의연대의 최근 활동으로 2022년 9월 서울에서 진행된 '924 기후정의 행진'과 2023년 4월 세종시에서 열린 '414 기후정의 파업'을 들 수 있습니다.

924 기후정의 행진에서는 화석연료와 생명을 파괴하는 체제 종식, 모든 불평등 종식, 기후위기 대응대책 마련에 사회의 약자와 소수자의 참여보장 등을 외쳤습니다.

414 기후정의 파업에서는 기후정의와 거꾸로 가는 정부 정책에 대항하는 목소리를 높였습니다. 정부에 사회 공공성을 강화해 정의로운 전환을 추진하고, 자본의 이윤축적을 위한 생태학살을 멈추라고 외쳤습니다. 구체적으로는 에너지 공공성 강화(민간 기업이 아닌 공공이 주도하는 재생에너지 전환), 모두를 위한 공공교통 체제 확충, 노동자·농민·지역주민·사회적 소수자의 목소리를 보장하는 기후위기 대응, 무분별한 공항과 케이블카 건설 등 개발로 인한 환경 파괴와 생태학살을 중단하라고 요구했습니다.

2022년 '924 기후정의 행진'

2023년 '414 기후정의 파업' 포스터

기후정의네트워크가 주장하는 기후위기 대응 대책

- 엘리트층(=부자)의 과도한 소비 억제
- 역사적 책임과 생태부채(=환경훼손)에 기초하여 북반구(=
  선진국)에서 남반구(=개도국)로 대규모 재정 지원
- 화석연료 채굴 중단, 숲 개간 및 개간의 근본 원인 제거
- 에너지 사용 효율 향상, 공동체 주도의 재생에너지 생산, 대
  중교통에 투자 확대, 재생에너지로 전환 이행
- 원주민의 토지권리 강화, 에너지·삼림·토지·물 등 천연자원
  에 대한 주권 보장과 자원 보존
- 지속가능한 가족농업과 식량주권 이행
- 생산과 소비를 재지역화하고 지역시장을 우선할 것
- 원전과 '청정 석탄'과 같은 잘못된 해결책 추가 포기, 산업전
  환으로 피해를 받는 노동자와 다른 사람들의 권리 보호
- 젠더 부정의를 인식하고, 여성을 정책결정 과정에 참여시켜
  젠더 정의 보장

(기후정의네트워크, 2007, 2008)

정의로운 전환을 위한 국제기구의 역할

유엔의 가장 오래된 기구인 국제노동기구는 오래전부터 기후위기 대응을 위한 산업전환 과정에서 발생할 수 있는 노동문제에 관심을 기울여왔습니다. 국제노동기구는 탄소배출이 많은 특정 산업의 위축과 소멸이 발생할 수 있다는 사실에 주목하여 각국 정부가 대책을 수립하도록 의견을 교환해왔습니다. 탄소배출 부담이 큰 산업이 소재한 지역의 사양화와 일자리를 잃게 될 노동자들에 대한 적절한 대책이 수립되지 않으면 지역사회와 노동계의 내부 갈등이 격렬해질 수 있습니다. 그런 상황에서는 탈탄소 사회로의 전환 자체가 저항을 맞게 됩니다. **탈탄소 사회로의 전환이 특정 지역과 노동자의 일방적 희생 없이 이뤄져야 한다는 것이 국제노동기구의 입장인데, 이것이 바로 정의로운 전환의 핵심 사항입니다.**

국제노동기구의 '정의로운 전환 가이드라인'도 나와 있지만 최근 독일, 스페인, 영국, 미국, 캐나다 등에서는 국가 또는 지역 차원에서 정의로운 전환이 법제화되고 있습니다. 유럽을 시작으로 많은 나라에서 정의로운 전환을 위해 대규모 기금 마련에 나서고 있습니다. 기금은 노동자들의 재교육과 생계비 직접지원, 기존 산업 위축 지역에 대한 지원 등에 투입됩니다. 2026년부터 유럽은 탄소국경세 제도를 도입합니다. 해외에서 유럽으로 들어오는 수입품을 대상으로 탄소배출이 많은 제품에 탄소세를 부과하는 제도입니다. 그 제도로 얻게 될 수입의 상당 부분을 정의로운 전환을 위한 기후기금 조성에 사용할 예정입니다. 우리나라도 문재인 정부에서 기후위기대응기금을 만들었는데, 그 주요 사용처는 정의로운 전환이었습니다.

기후변화협약당사국총회도 2023년 총회(COP28)부터 정의로운 전환 문제를 다루기 시작했습니다. 곧 '정의로운 전환 작업프로그램JTWP, Just Transition Work Programme' 설립입니다. UAE에서 개최되는 COP28부터 매년 정의로운 전환에 관한 고위급 회의가 개최됩니다. **탈탄소 사회로 빠르게 나아가기 위해서는 정의로운 전환 문제를 해결하는 것이 선결과제**이기 때문입니다.

5장

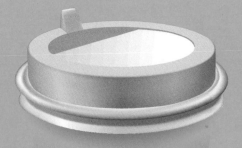

우리는 무엇을

할 수

있을까?

국제기구에서 개인의 바람직한 역할을
정리한 사례가 있을까?

세계경제포럼(다보스포럼)

매년 초 스위스의 휴양도시 다보스에서는 세계의 저명한 기업인, 정치인, 경제학자, 언론인 등이 모여 세계 경제를 주제로 토론하는 민간회의가 열립니다. 이를 세계경제포럼WEF 또는 다보스포럼이라 부르며, 전 세계에서 가장 권위 있는 민간회의로 인정받고 있습니다. 기후위기 문제도 중요한 의제로 다뤄지는데, 특히 2020년에 열렸던 제 50회 세계경제포럼은 기후위기를 다룬 회의로 유명합니다. 도널드 트럼프 당시 미국 대통령 등 53명의 국가 정상, 빌 게이츠 등 재계 리더, 안토니우 구테흐스 유엔사무총장 등 국제기구 대표 그리고 청소년 환경운동가로 주목받고 있는 그레타 툰베리 등 2,800여 명이 참석했습니다. 이때 주제는 '화합하고 지속가능한 세계를 위한 이해당사자들'이었는데, 가장 중요한 주제는 '기후변화로부터 지구를 어떻게 구할 수 있는가'였습니다. 이 회의에서 개인이 실천해야 할 가장 중요한 방법 5가지가 제시되었습니다.

첫째, 육식을 줄이자. 그중에서도 소고기 섭취를 줄이자. 이것이 생활 속에서 탄소발자국을 줄이는 데 가장 중요한 방법이다.

소고기를 생산하는 과정에서 나오는 온실가스의 양은 농축산물에서 배출되는 온실가스 총량의 65%나 됩니다. 소를 사육해 소고기를 생산하려면 같은 칼로리의 곡물을 생산할 때보다 땅이 160배나 더 많이 필요합니다. 또 전 세계에서 1년 동안 사용되는 물의 1/3이 축산과 낙농업에 쓰이고 있습니다. 햄버거 하나를 만드는 데 필요한 물이 3,000리터에 이르는데, 이는 우리나라에서 한 사람이 두 달 동안 샤워할 수 있는 양입니다. 기후위기 시대에는 강수량은 증가하지만 실제로 사용할 수 있는 물, 즉 수자원은 오히려 부족해집니다. 비가 특정 시기에 폭우 형태로 내리고, 지금 물이 부족한 지역일수록 강수량은 오히려 줄어들기 때문입니다.

둘째, 대중교통을 이용하자.

가까운 거리라면 걷거나 자전거를 이용하고 도시 내를 이동하는 경우라면 버스나 지하철을 이용하는 것이 건강에도 좋습니다. 아주 먼 거리를 이동할 때도 비행기보다 열차를 이용하면 탄소배출량이 훨씬 줄어듭니다. 부자들이 가난한 사람들보다 월등하게 탄소배출량이 많은데, 그 상당 부분이 교통수단에서 나옵니다. 유럽은 국내선 항공편 운항을 원칙적으로 금지할 계획인 것으로 알려졌습니다. 2022년 프랑스는 기차로 2시간 30분 안에 이동할 수 있는 거리는 국내선 항공편 운항을 금지했습니다. 만약 이 기준을 우리나라에 적용한다면 공항 몇 곳만 빼고 전부 없어지겠지요? 하지만 우리나라는 여전히 전국 곳곳에 공항을 만들겠다고 야단법석입니다. 이런 행태는 세계적인 추세에 완전히 역행하는 겁니다.

셋째, 재생에너지로 전환하자.

인간이 배출하는 온실가스의 상당 부분은 이산화탄소입니다. 온실가스를 줄이자는 말은 결국 화석연료 사용을 줄여서 이산화탄소 배출량을 줄이자는 말과 같습니다. 기업만이 아니라 개인들도 어렵지 않게 재생에너지 생산과 사용에 참여할 수 있습니다. 옥상이나 아파트 발코니 공간에 태양광발전 시설을 설치하면 가정에서 사용하는 전기에너지의 상당 부분을 스스로 생산할 수 있습니다. 또 시민들이 주도하는 시민햇빛발전협동조합에 참여하여 전력 생산자로 동참할 수 있습니다. 조합원으로 가입할 수도 있고 펀드를 구매하는 방식으로 참여할 수도 있습니다. 아파트 발코니에 미니 태양광발전 패널을 설치하면 30년생 소나무 400그루가 흡수하는 이산화탄소량만큼 탄소배출량을 줄일 수 있습니다.

넷째, 선거에 적극 참여하자.

기후위기 대응에 적극적으로 나설 수 있는 후보자를 지지하는 것도 우리 사회가 기후위기 대응을 서두르도록 만드는 행동입니다. 선거에 출마하는 후보자들은 유권자들이 원하는 것을 공약으로 만듭니다. 유권자들이 경제발전이나 지역개발보다 기후위기 대응을 중시하는 후보자를 선호한다는 의사를 밝히고 투표로 선택하면 정치인들도 이 문제에 적극성을 보이게 됩니다. 우리나라 정치인들이 환경보전이나 기후위기 대응에 무관심한 이유는 결국 유권자들이 그 문제를 중요하게 여기지 않기 때문입니다. 아이는 부모의 거울이고 정치인은 유권자의 거울이라는 말이 있습니다. 정치인들이 바람직하지 않은 언행을 하는 뿌리는 유권자들의 빗나간 정치의식에 있습니다.

다섯째, 기후위기 대응 실천 운동에 동참하자.

생활 속에서 개인이 배출하는 온실가스의 양은 지구 전체 배출량에 비하면 매우 작지만, 기후위기 문제에 대해 학습하고 실천 행동에 동참하는 일은 매우 소중합니다. 그런 실천 행동에 동참함으로써 정치인·기업가들에게 기후위기 대응에 나서도록 요구하는 운동에도 동참해야겠다는 마음이 생겨날 수 있기 때문입니다. 생활양식을 탈탄소 기반으로 바꿔가고, 기후위기 대응을 목적으로 활동하는 시민운동에 동참하여 목소리를 키워가야 합니다. 많은 사람이 모여야 목소리가 커지고 행동에 힘이 생겨납니다. 최근엔 특정한 날 특정한 시간에 전 세계 시민들이 모여 지구 차원의 문제 해결에 한목소리를 내는 게 관례

화되어가고 있습니다. 이렇게 많은 사람이 모여서 기후위기 해결에 한목소리를 내야 세상을 바꿀 수 있습니다.

유엔환경계획과 세계기상기구

2023년 세계기상기구는 '2022년 세계 기후 현황 보고서'에서 기후위기 문제 대응에 시민들의 참여가 중요하다고 강조했습니다. 유엔환경계획은 시민들의 참여 방법으로 **'기후위기와의 전쟁에 도움을 줄 수 있는 10가지 방법'**을 인용, 소개했습니다. 사람들은 이를 가리켜, 기후위기에 맞서기 위해 '시민들이 지켜야 할 10계명'이라고 부릅니다. 세계경제포럼에서 제시한 5개 항목이 이 10계명에도 포함되어 있습니다.

첫째, 목소리를 내라!

우선, 개개인이 탄소배출이 적은 삶을 실천하는 것으로는 부족하다고 합니다. 그보다 중요한 것은 주변 사람들에게 말을 걸고, 기후위기 대응 운동에 동참하여 함께 목소리를 높임으로써 그 목소리를 더 크게 만드는 것이라고 합니다. 우리나라에도 기후위기 운동을 활동 목적으로 하는 단체들이 많이 있습니다. 그런 단체에 회원으로 가입하여 활동하면 우리의 목소리를 크게 키울 수 있습니다. 단체에 가입해 활동하는 것이 곧 목소리를 내는 것, 즉 스피크Speak입니다.

둘째, 기업체와 정치인을 압박하는 활동을 하라!

탄소배출량의 상당 부분은 기업체에서 나옵니다. 그래서 기업체가 탈탄소 생산을 서두르도록 압박을 가하라는 겁니다. 국내외적으로 석탄발전소, 철강 산업체 등 탄소배출이 많은 업체들을 압박하는 시민운동이 활발해져야 합니다. 또한 탈탄소 사회로 나아가기 위해서는 정치인들이 관련 법률을 만들어 지원해야 합니다. 경제발전과 지역개발을 강조하는 정치인이 아니라 기후위기 대응 정책을 우선하는 정치인을 후원하고 지지해야 합니다.

셋째, 당신의 교통수단을 바꿔라!

자가용 자동차를 이용해야 한다면 차량의 크기를 줄여야 합니다. 기존의 내연 자동차를 1년에 1만km 정도 주행하면 대략 차량 무게에 상당하는 이산화탄소가 배출됩니다. 그러니 차량의 크기를 줄이는 것만으로도 탄소배출을 줄일 수 있습니다. 이왕이면 하이브리드차나 전기차(수소차)로 바꾼다면 더욱 바람직하겠지요? 가장 좋은 방법은 대중교통을 이용한다든가 무동력 이동 수단(자전거, 도보)으로 전환하는 것입니다. 독일 등 유럽에서는 대중교통 이용에 파격적인 인센티브를 제공하는 정책을 펴고 있습니다. 우리나라는 대중교통 요금 자체는 일본, 미국 등에 비해 저렴한 편입니다. 하지만 다른 선진 국가들이 출퇴근용으로 대중교통을 이용하는 사람들에게 다양한 할인제도를 제공하고 있다는 사실을 감안하면 우리나라 사람들이 실제로 부담하는 대중교통 요금은 저렴하지 않다고 생각합니다. 우리나라도 자동차 세금을 도로확충보다 대중교통 지원에 사용하는 방식으로 전환하여 대중교통 이용을 더욱 장려하면 좋겠습니다.

넷째, 당신의 전력 사용을 줄여라!

불필요한 전기 사용을 줄이는 것이 가장 중요합니다. 일상을 돌아보면 필요하지도 않은데 습관처럼 전등을 켜 놓는 경우도 적지 않습니다. 다른 전기제품도 필요할 때만 켜는 습관을 들여야 합니다. 그리고 제품 구매 시 에너지 효율을 꼼꼼하게 체크해서 에너지 효율이 높은 제품을 선택해야 합니다.

다섯째, 당신의 식단을 바꿔라!

식생활을 육식 중심에서 채식 중심으로 바꿔야 합니다. 로컬푸드와 제철 식재료 사용도 중요합니다. 또한, 패스트푸드를 버리고 전통음식 중심의 슬로우푸드로 바꿔야 합니다. 선진국에서는 학교급식을 이렇게 바꾸기 위해 교과서로 수업하고 조부모들이 학교급식에 참여하기도 합니다. 우리나라 학교급식에서 바뀌어야 할 것들이 떠오르지 않습니까? 이렇게 하면 음식에서 탄소배출을 줄이는 효과가 있고 건강에도 유익합니다.

여섯째, 지역에서 생산된 제품과 자원순환형 상품을 구매하라!

지역에서 생산된 제품을 사용함으로써 상품 마일리지, 즉 상품을 운송하는 과정에서 나오는 탄소량을 줄일 수 있습니다. 특히 식품의 경우 로컬푸드를 우선함으로써 푸드 마일리지를 줄이는 것이 중요합니다. 또한 장거리 운송을 위한 약품 사용도 줄이고 식재료에 포함된 영양분의 파괴도 줄일 수 있습니다. 일반 상품을 살 때는 가능한 한 자원 재사용recycling 제품을 우선 구매해야 우리 사회를 자원순환형 사회로 바꿔 갈 수 있습니다.

일곱째, 음식물을 버리지 말라!

전 세계적으로 식품 생산량의 약 1/3이 버려진다고 합니다. 버려지는 식품의 생산 과정에서 나오는 온실가스가 전 세계 온실가스 총배출량의 8~10%에 이릅니다. 음식물을 버리지 않는 습관을 들이는 일은 탄소배출량 감축과 환경보호를 위해 중요합니다. 무엇보다 전 세계에 굶주림에 내몰려 있는 인구가 10억 명이 넘는다는 사실을 기억해야 합니다.

여덟째, 기후에 맞춰서 옷을 입어라!

패션산업이 차지하는 온실가스 배출량 비중은 10% 내외입니다. 옷의 구매에서도 패스트 패션을 자제하자는 목소리가 커지고 있습니다. 패스트 패션이란 몇 번 입지 않고 버려지는 옷을 말합니다. 옷 구매를 줄이고, 한번 산 옷은 오래 입는 슬로우 패션을 실천하자는 말입니다. 그리고 계절에 맞는 옷을 입으면 냉난방에 소비되는 에너지를 줄일 수 있습니다.

아홉째, 나무를 심어라!

전 세계적으로 매년 1,200만ha 면적의 숲이 사라지고 있습니다. 특히 탄소흡수 역할이 큰 열대우림이 빠르게 파괴되고 있습니다. 삼림 파괴를 막는 일에 목소리를 내야 합니다. 아울러 개인으로 또는 단체의 일원으로 나무 심기에 나서야 합니다. 우리가 2050 탄소중립을 달성하기 위해서는 에너지전환만으로는 부족합니다. 적어도 인도대륙 면적의 2배에 해당하는 면적에 새롭게 숲을 조성해야 합니다.

열째, 지구 친화적 투자에 집중하라!

개인의 저축과 투자를 현명하게 하는 방식으로도 변화를 만들어갈 수 있습니다. 탄소배출이 많은 산업에 투자하지 않는 금융기관에 투자한다면 시장에 분명한 메시지를 보낼 수 있습니다. 기후위기 대응 국제적 시민운동 단체인 '멸종저항Extinction Rebellion' 등에서는 탄소배출이 많은 기업에 투자하는 금융기관에 강력히 항의하는 운동을 이어가고 있습니다.

우리나라의 기후위기 교육, 무엇이 문제일까?

기후위기는 지구환경위기의 중요한 부분입니다. 그래서 기후위기 교육은 환경교육의 한 부분이라고 할 수 있습니다. 그러면 환경교육이란 무엇일까요? 환경교육은 환경문제를 해결해가는 여러 방법의 하나입니다.

환경문제 해결에 있어 환경교육은 어떤 역할을 할까요? 그것은 환경문제를 발생시키는 원인을 만들어내는 인간의 의식과 태도를 변화시키는 것입니다. 기후위기 교육이라면 인간의 어떤 행동으로 기후위기가 만들어졌는지, 그리고 그것을 고치려면 우리가 어떻게 변해야 하는지를 가르치고 공부해야 합니다. 그리고 학습의 성과로 문제를 해결할 수 있도록 행동 변화가 따라야 합니다. 이런 환경교육은 크게 **학교 환경교육과 시민 환경교육**으로 나뉩니다. 우리나라의 학교 환경교육과 시민 환경교육의 문제를 차례로 소개합니다.

우리나라 중·고교의 환경교육 상황

우리나라 중·고교는 여전히 지독한 입시 중심 교육에서 벗어나지 못하고 있습니다. 입시 대상 교과목인 국어, 영어, 수학에 과학탐구와 사회탐구 교과 중심의 학습이 이루어집니다. **기후위기 교육은 환경 교과에서 다루어야 하는데, 입시 대상 교과가 아니다 보니 철저히 외면받고 있습니다.** 전국에 있는 중·고교는 약 5,600여 개에 이릅니다. 이들 학교에서 환경 과목을 선택하고 있는 학교는 2022년 기준으로 875개교입니다. 선택 비율이 15.6%입니다. 그래도 2019년의 312개교(5.6%)에서 3배 가까이 증가했습니다.

그런데 환경 교과를 선택한 학교는 중학교보다 고등학교에 훨씬 많고, 고등학교에서는 주로 3학년 과정에 배정하고 있다고 합니다. 환경 수업 시간을 자습 시간으로 활용하고 있을 개연성이 높습니다. 환경교육(기후위기 교육)을 필수교과목으로 하는 선진 외국과 대비되는 현상입니다. 학교에서 환경교육을 하다는 것은 1972년 스톡홀름 유엔인간환경회의의 결의사항입니다. 우리나라가 학교 환경교육을 내팽개치고 있는 것은 국제사회 일원으로서의 약속을 어기고 있는 겁니다.

전국 학교에서 환경교육을 전공한 정규직 교사는 2023년 기준 26명에 불과(기간제 교사 23명)합니다. 교원 임용고사에서 환경 교사를 뽑지 않은 지 10년 이상 되었습니다. 그렇다 보니 전국 사범대학에 있던 환경교육과는 대부분 사라졌습니다. 우리나라 학교 환경교육은 전문적이고 체계적인 교육이 무너진 채로 방치되고 있는 셈입니다. 입시 대상 교과목의 수업을 비전공 교사가 맡는다면 야단이 나겠지만, 환경 교과는 아무나 가르쳐도 된다는 인식이 만연해 있는 상황입니다.

게다가 환경교육이라고 해도 여전히 '버리지 마라', '깨끗이 해라', '아껴라' 등 개인의 문제로 몰아가는 방식에 머물러 있습니다. 이런 교육으로 기후위기 문제 해결에 능동적 역할을 할 수 있는 학생을 키워낼 수 없습니다. 이런 교육을 받는 학생들이 성인이 되어 기후위기 문제, 지구환경 문제에 현명하게 대응하고 올바른 지식을 가진 비판적 민주시민으로 살아가기는 어려울 겁니다.

학교 환경교육의 필요성은 최초의 환경 관련 국제회의인 1972년 스톡홀름 유엔인간환경회의에서 제기되었습니다. 점점 심각해지는 지구환경 문제에 대응하기 위해 학교에서 환경교육을 해야 한다는 점에 인식을 함께하였습니다. 그래서 전 지구적 차원에서 학교 환경교육을 하기로 합의하였습니다. 이 말은 우리나라도 학교 환경교육을 하는 것이 국제사회 일원으로서 의무라는 뜻입니다. 이 합의를 실천하기 위해 유네스코가 설립되었습니다. 유네스코는 1975년 국제환경교육프로그램을 발족시켰고, 지금까지 세계 환경교육 보급과 발전을 주도하고 있습니다.

우리나라도 학교 환경교육 보급에 오랜 시간 공을 들였고 계속 확대해왔습니다. 학교 환경교육은 노무현 정부 시절 정점에 이르렀습니다. 그러나 이후 급속도로 후퇴하여 지금은 명맥만 겨우 유지하는 지경입니다.

유네스코 국제환경교육프로그램은 학교 환경교육의 목표로 4가지를 내세우고 있습니다.

첫째, 인간과 환경의 관계를 바르게 이해하도록 돕는다.

둘째, 환경에 대해 인간의 책임감과 도덕성을 갖도록

돕는다. (환경문제 원인은 인간에게 있음을 인식시킨다.)

셋째, 환경문제의 원인과 현상을 파악하고 이를 해결할 수 있는 능력을 함양한다.

넷째, 건강한 환경은 인간이 정신적 · 육체적으로 건강하게 살아가는 데 필수적 요소라는 점을 깨달아 환경보호에 적극적인 자세를 갖도록 돕는다.

학교 환경교육에 대한 학생과 학부모의 수용성

우리나라의 학생과 학부모들은 학교에서 환경교육을 하는 것에 대해 어떻게 생각할까요? 한국교육개발원이 학부모와 초 · 중 · 고생 등 총 1만5,000명을 대상으로 필요성(수용성)을 조사했습니다. 조사대상자의 80% 정도가 학교 환경교육이 필요하다는 응답을 했습니다. 부정적 의견은 3% 정도에 불과했습니다. **학생과 학부모 모두 학교 환경교육을 적극적으로 희망**하고 있다는 사실을 알 수 있습니다.

그러면, 학생과 학부모 모두가 원하는 학교 환경교육이 이루어지지 않고 있는 이유는 무엇일까요? 경제성장을 우선하는 계층에서는 학교 환경교육을 불편하게 바라

봤습니다. 학교 환경교육을 충실하게 받은 초·중등 학생들은 개발보다 환경보전을 우선해야 한다는 의식이 높고, 원자력발전에 대한 부정적 의식도 매우 높았습니다. 그들은 장차 우리 사회를 이끌어갈 학생들이 환경보호를 우선하고 개발행위와 원자력발전에 부정적 의식을 갖는 것이 우리나라 경제발전에 장애가 된다고 인식했습니다.

시민 환경교육의 실상

시민 환경교육(기후위기 교육)은 강연뿐만 아니라 언론 보도를 통해서도 이뤄집니다. 시민 대부분은 언론을 통해 관련 문제를 접하면서 관련 지식을 자연스럽게 얻게 됩니다. 그래서 시민들의 환경문제(기후위기 문제)에 대한 이해를 높이려면 언론에서 기후위기와 관련된 정보를 자주 다루는 것이 효과적입니다. 기후변화협약당사국총회 같은 행사에서 논의되는 중요사항을 상세히 알려주는 것도 중요합니다.

그런데 **우리나라 언론은 환경문제와 기후위기 문제의 보도에 대단히 인색합니다.** 외신이 전하는 해외 사건을 인용하여 전달하거나 우리나라의 이해관계가 걸려 있을 때 국제회의 내용을 집중 보도하는 정도입니다.

이런 보도로는 시민들이 지구촌의 일원으로서 환경과 기후위기를 이해하고 우리의 역할을 찾아야 한다고 인식하게 만들기 어렵습니다. 지구환경 문제를 우리나라의 이익이라는 관점에서 바라보는 것은 오히려 환경의식을 낮추는 행동입니다. 시민들의 인식이 낮은 상태에 머물면 정치도 움직이지 않습니다. 기후위기로 지구환경이 위험해지고 있는 시기에도 경제발전과 지역개발 의제에 파묻혀 살아가는 우리 현실은 세계 경제 규모 10위권에 있는 우리의 위상에도 어울리지 않습니다.

어떻게 해야 기후시민일까?

기후시민

기후시민이란 **'기후위기 문제 해결에 최선의 노력을 다하며 살아가는 시민'**을 말합니다. 지구에 살고 있는 모든 생명체는 기후 상태의 절대적인 영향을 받으며 살아갑니다. 지금의 기후 상태가 과거 중생대나 고생대와 같은 고온기로 변한다면 간빙기에 살고 있는 현재의 지구생태계는 대부분 사라지게 됩니다. 새로운 기후가 만들어지면 그 기후에 적합한 새로운 생태계가 만들어집니다.

인류가 지구에서 지속가능한 삶을 이어가기 위해서는 현재의 기후 상태를 지켜내야 합니다. 이 점을 인식하여 개인의 삶 속에서 탄소배출을 최소화하고, 사회(기업, 정치권)를 향해 탈탄소 사회로 조속히 전환하도록 압박을 가하는 행동에도 동참해야 합니다. 대표적인 사례로 스웨덴의 그레타 툰베리를 들 수 있습니다.

오늘날 기후위기를 막기 위한 시민운동이 활발해지고 있습니다. 기존 환경단체에 더하여 '멸종저항', '기후정의', '청소년기후행동' 등 수많은 단체가 만들어지고 있고, 그들의 활동은 매우 활발하고 적극적입니다.

기후시민의 사례

스웨덴의 그레타 툰베리는 고교 1학년(16세) 때 매주 금요일마다 학교 대신에 스웨덴 의사당 입구로 향했습니다. '기후를 위한 파업'을 시작한 겁니다. 어린 소녀의 당찬 행동은 스웨덴을 넘어 국제적으로 큰 호응을 받았습니다. 툰베리는 일상생활에서 탄소를 배출하지 않는 삶의 실천에도 철저했습니다. 비행기를 타야만 갈 수 있는 초청에는 응하지 않았습니다.

2019년 9월 24일 유엔 기후행동 정상회의에 초청받은 툰베리는 세계 정상들 앞에서 '기후위기로부터 젊은 세대의 권리(지속가능한 삶)'를 강한 어조로 외쳤습니다. 툰베리가 유엔에서 연설하는 동안 전 세계에서 수많은 사람이 거리로 나가서 길에 드러눕는 퍼포먼스를 하면서 외쳤습니다.

우리가 툰베리다!

이 퍼포먼스는 오늘날까지도 매년 9월 24일이면 되풀이하는 행사로 정착했습니다.

기후시민의 삶을 살아간 사례로 케냐의 **왕가리 마타이** Wangari Maathai도 유명합니다. 마타이는 1977년 무화과나무 7그루를 심으면서 그린벨트 운동을 시작했습니다. 마타이는 미국 피츠버그대학에서 생물학을 전공하고 케냐 국립대학에서 생물학 교수로 재직하고 있었습니다. 당시 케냐의 삼림은 군사독재정권 하에서 심하게 훼손되어 있었습니다. 마타이는 가정폭력으로 무기력증에 빠져있던 여성들을 설득해 그들과 함께 운동을 시작했습니다. 30년간 무려 3,000만 그루의 나무를 심었습니다. 그리고 생의 마지막까지 4년 동안 1,500만 그루를 더 심었습니다. 2004년엔 환경운동, 여성운동, 케냐 민주화운동의 공로를 인정받아 노벨평화상을 받기도 했습니다. 마타이는 전 세계 시민들로부터 '나무의 어머니'라는 찬사를 받았습니다.

기후시민의 모범, 왕가리 마타이

마타이는 시민들에게 정치에 적극 참여하라는 메시지를
끊임없이 던졌습니다. 그녀가 시민들에게 전한 메시지들
은 기후시민들이 마음에 간직해야 할 금언입니다.

왕가리 마타이의 메시지

우리가 먼저 시작합시다!

정부 탓만 하지 말고, 불평을 넘어서 행동으로 상황을 개선해 갑시다.

정치에 관심을 가집시다!

케냐에서 국민의 열망을 억압하고 환경을 파괴하는 정책을 주도한 이들이 바로 정치인들입니다. 우리의 일상생활에 너무나 많은 영향을 끼치는 것이 바로 그들의 결정입니다. 정치에 참여하는 것이 나쁘다고 말하는 것은 그 상황을 오해하는 것입니다. 왜 당신의 운명을 거짓말쟁이나 사기꾼의 손아귀에 맡겨야 합니까?

함께 합시다!

살면서 그리고 일하면서 알게 될 겁니다. 그 어떤 일도 혼자서 해낼 수 없음을 저는 잘 알고 있습니다. 만약 어떤 일을 제가 혼자 한다면, 제가 그 자리를 떠났을 때 그 일을 맡아 할 사람이 아무도 없다는 위험을 감수해야 합니다.

지금 바로 행동합시다!

미래는 미래에 있는 것이 아닙니다. 미래는 바로 지금, 이 순간 탄생합니다. 장래 무언가를 이루고 싶다면 지금 행동을 시작해야 합니다(노벨평화상 수상 기념사 중에서).

시민주도의 기후위기 대응(기후시민의회)

우리나라의 기후위기 대응 체제

기후위기를 벗어나서 인간과 지구생태계가 지속가능한 삶을 이어가기 위해서는 파리협정의 목표를 달성할 수 있어야 합니다. 파리협정을 달성하려면 우선 전 세계가 2030년까지 온실가스 배출량을 1990년 대비 50% 수준으로 줄여야 합니다. 2050년까지 탄소중립에 도달하고, 그 이후엔 자연의 탄소흡수량 이하로 배출하는 단계로 나아가야 합니다. 이를 위해서는 사실상의 탈탄소 사회를 만들어가야 하는데, 시민들의 적극적인 참여와 실천이 전제되어야 합니다. **시민주도의 탈탄소 사회전략 마련이 요구되는 이유입니다.**

우리나라는 문재인 정부에서 유엔에 제출할 국가온실가스감축목표량 설정을 위해 2021년 5월 긴급히 국가탄소중립위원회를 구성했습니다. 위원은 대통령이 임명한 민간위원과 관련 정부 부처와 연구기관 연구원으로 구성하였습니다. 위원회는 불과 6개월 정도의 짧은 기간에 NDC를 설정하였습니다. 위원회가 설정한 NDC는 2030년까지 2018년(우리나라의 온실가스 최대 배출 연도) 배출량 대비 40%를 줄이는 것이었습니다.

이 안이 통과되던 날, 위원회는 많은 시민과 시민단체들로부터 격렬한 항의를 받았습니다. 감축목표량이 부족하고, 감축 방법에 동의할 수 없는 내용이 많다는 이유였습니다. 시민들의 적극 참여로 실천해야 할 NDC를 위원회는 시민들의 거친 저항 속에 억지로 통과시켰습니다. 2022년 새 정부 들어 국가탄소중립위원회를 대신하는 2050 탄소중립녹색성장위원회가 구성되었고, 이 위원회는 문재인 정부가 만든 NDC의 실행과 2050 탄소중립 달성을 위한 기본계획을 만들었습니다. 이 위원회는 위원장 2인(국무총리·민간위원장)에 정부 측 21명(관련 부처 장·차관)과 민간위원 8인(대학교수 6인, 중소기업중앙회·정부출연연구소 연구원 각 1인)으로 구성되었습니다. 문재인 정부의 국가탄소중립위원회보다 훨씬 폐쇄적인 조직입니다.

선진 외국의 시민주도 기후위기 대응 체제

우리나라의 이런 정부 주도의 폐쇄적인 기후위기 대응은, 기후위기와 생태전환 문제에 다양한 시민들의 참여가 이뤄지고 있는 선진 외국과 동떨어진 방식입니다. 기후위

프랑스 기후시민총회

기 대응과 생태전환 문제는 전문가들 식견에 의존하는 식으로 해결하는 전통적 방식이 더 이상 유효하지 않다는 점에 의견이 모아지고 있습니다. 그래서 선진 외국에서는 다양한 계층의 시민들이 참여하는 기후시민의회를 구성하여 기후위기 대응 관련 대책(법령)을 제정하는 데 시민들이 주도적 역할을 하도록 방향을 전환하고 있습니다. 그 대표적인 사례를 소개합니다.

○ 프랑스 기후시민총회(CCC, Citizens Convention for Climate)

프랑스의 탄소배출량을 2030년까지 1990년 대비 40% 줄이는 안(프랑스의 NDC)을 논의하기 위해 대통령의 제안으로 2019년 10월 기후시민총회가 출범했습니다. 총회는 7개의 세션으로 구성되었고, 세션마다 매달 셋째 주에 2.5일 일정으로 개최되었습니다. 총회는 9개월 동안 운영되면서 150개 권고사항을 만들었습니다. 헌법 1조를 '정부는 기후위기와 생태파괴로부터 국민을 보호할 의무가 있다'로 수정하는 권고안도 포함되었습니다. 총회는 그 외에도 다음과 같은 다양한 권고사항을 발의했습니다.

고속도로 속도제한(현재 130km/h에서 110km/h로 하향), 생태계 파괴 처벌 강화를 위한 입법, 자동차시장 규제를 통한 온실가스 배출량 감축, 대중교통 이용을 늘리기 위한 기차표 부가가치세 인하, 건축물 리노베이션을 통한 에너지 사용 감축 의무화, 국내 생산 제품의 판매 후 수리 서비스 의무화, 온라인 과소비 방지를 위한 광고 제재 및 안전 문구 기재, 지역별 재생에너지 프로젝트 수립 시 시민 참여 보장, 동물성 식품 소비 줄이기 등입니다. 권고안이라고 하면 우리나라에선 받아도 되고 안 받아도 그만인 것으로 생각하지만 선진 국가에선 인정할 만한 특별한 사유가 없는 한 수용해야 합니다.

기후시민총회는 성별, 연령(16세 이상), 사회경제적 배경(농부, 노동자, 관리자, 은퇴자, 실업 상태 등), 교육 수준, 거주지(도심지, 교외, 농촌 등), 지리적 위치 등을 모두 감안하여 프랑스 시민을 대표하는 150명으로 구성하였습니다. 사실 국회의원 구성도 이렇게 각계각층을 대표하는 시민들을 추첨으로 선발해 구성하는 것이 민주주의 정신에 부합한다고 주장하는 정치학자들도 적지 않습니다.

○ 영국 기후회의(CAUK, UK Climate Assembly)

프랑스 기후시민총회는 대통령(행정부)의 제안으로 구성되었지만, 영국 기후회의는 하원이 조직의 주체였습니다. 프랑스보다 3개월 늦은 2020년 1월 결성되었습니다. 부여된 역할은 영국의 2050년 탄소배출량 제로 목표를 지원하는 법률이 제대로 제정될 수 있도록 세부 과제에 대한 권고사항을 합의하여 도출하는 것이었습니다.

프랑스와 유사한 방법으로 다양한 계층을 대표하는 영국 시민 108명으로 구성되었습니다. 기후회의는 매월 마지막 주말에 한 번씩 개최하여 4주 동안 운영할 예정이었는데, 마지막 주말은 코로나19로 인해 부득이 온라인 회의로 전환하였습니다. 결국 대면회의는 3차례에 그쳤습니다. 회의는 2020년 1월부터 5월까지 주제별로 심도 있는 토론이 이뤄지도록 조별로 진행하였습니다. 회의가 진행되는 동안 여러 사회단체를 대표하는 약 50명의 대표가 자신들의 입장을 전하는 강연에 참여했습니다.

기후회의는 50개 이상의 권고사항을 담은 총 556페이지의 최종 보고서를 만들어 의회에 제출했습니다. 권고사항의 주요 내용은 모든 경제 부문에 변화를 가져와야 한다는 것이었습니다. 육류 및 유제품 소비 감소, 탄소 제로 난방 지원, 청정 전력 생산으로의 전환을 장려하는 항목들이었습니다. 영국 하원 위원회는 입법과정에 기후회의의 권고사항을 적극 반영하겠다고 했습니다.

결국 정치가 해답일까?

우리나라에서도 2024년 4월 총선에서 기후선거 운동이 일어났지만, 그동안 기후위기 대응 운동을 활발하게 펼쳐온 몇 명이 야당의 공천으로 당선되었을 뿐입니다. 경제성장, 지역개발 의제보다 기후위기 대응 의제를 제1의 선거 쟁점으로 만들어내기엔 부족했습니다. 하지만 **세계 주요 국가에선 오래전부터 기후위기 대응 정책이 총선이나 대통령선거의 중심 의제**로 자리 잡고 있습니다. 기후위기 문제가 선거 판도를 결정한 해외의 대표적 사례를 소개합니다.

2022년 호주 총선
2022년 5월 21일 호주에서 치러진 총선은 야당이던 노동당의 승리였습니다. 이 선거의 의미를 외신은 전 세계에 이렇게 전했습니다.

이번 선거는 '기후선거'였다.(호주 ABC)
호주 유권자들은 보수 정부의 9년 통치를 종식시키며 기후에 대한 강력한 메시지를 전달했다.(CNN)

CNN은 호주 총선에서 기후변화 대응 문제가 당시 여당이던 자유·국민 연합과 야당인 노동당의 승패를 갈랐다고 전했습니다. 호주는 전 세계에서 1인당 연간 탄소배출량이 가장 많은 나라입니다(1인당 약 26톤). 총선 당시 기록적인 산불과 홍수로 500명 넘는 사람과 야생동물 수십억 마리가 목숨을 잃는 등 기후재해가 심각한 상황이었습니다. 기후재해로 붕괴하는 주택이 늘면서 피해를 보상해주는 주택 보험료가 치솟기도 했습니다. '기후빈민'에 대한 우려도 사회 문제로 떠올랐습니다. 호주 국민들 사이에 호주도 온실가스 감축에 적극 나서야 한다는 의식이 높아져 갔습니다.

선거에서 여당 측은 2030년까지 탄소배출량을 26% 줄이겠다고 공약했습니다. 반면, 노동당은 훨씬 과감한

43% 감축을 약속했습니다. 총선 승리 후 노동당의 알바니즈 당수는 이제 호주의 기후전쟁을 끝낼 기회를 얻게 됐다면서 호주는 재생에너지 초강대국이 될 것이라고 선언했습니다.

유럽의 녹색당 돌풍

기후위기 대응을 위한 선거연대는 유럽에서 두드러집니다. **환경 보호를 정체성으로 하는 녹색당이 선거연대에서 중요한 역할을 맡은 지는 오래되었습니다.**

1970년대 영국, 호주, 뉴질랜드 등에서 결성된 녹색당은 1980년대 이후 선거에 후보를 내기 시작했습니다. 1983년 당시 서독 의회에서 녹색당 의원 27명이 당선됐고, 1998년 독일 총선에서는 녹색당이 6.7%의 득표율을 기록, 사회민주당과 연정을 구성하면서 처음 집권 세력의 일원이 되었습니다. 2000년대 이후로는 프랑스, 이탈리아, 핀란드, 벨기에 등에서도 녹색당이 정당 연합으로 집권당에 진입했습니다. 라트비아에서는 2004년 녹색당 출신 총리가 나왔습니다.

2021년 노르웨이 총선에서는 8년 만에 보수당이 패배하고 중도좌파 연합이 승리했습니다. 선거의 최대 쟁점은

'기후위기 대응'과 '석유 채굴 즉시 중단 여부'였습니다. 노르웨이는 석유, 천연가스 등 화석연료를 많이 보유한 나라이면서 동시에 기후위기에 민감하게 반응하는 나라로 꼽힙니다. 노르웨이의 중도좌파 연합은 재생에너지 생산과 녹색기술 중심의 산업정책을 내세워 과반 의석을 차지할 수 있었습니다. 기후선거에서 승리한 셈입니다.

같은 해에 있었던 독일 총선에서도 녹색당이 14.8%의 득표율로 3위를 차지하며 사상 처음 제3당의 지위를 확보했습니다. 녹색당 창당 이후 역대 최고 득표율이었습니다. 녹색당 돌풍의 배경은 기후위기에 보다 강력하게 대응하기를 원하는 유권자들의 요구였습니다. 당시 독일 유권자들은 선거 의제 중에서 기후위기 대응을 가장 우선했습니다. 당시 기후위기 의제가 가장 중요하다고 답한 유권자의 비중이 47%나 되었습니다. 녹색당은 '2030년까지 탈석탄 달성', '이산화탄소 배출량 70% 감축', '헌법에 기후 보호 협약과 원전 폐지 명시'라는 공약을 내세웠습니다.

2021년 미국 대선

2021년 1월 20일 치러진 미국 대선은 그 어느 선거전보다 치열했습니다. 조 바이든 민주당 후보가 도널드 트럼프 공화당 후보와의 치열한 각축전 끝에 간신히 승리했습니다. 바이든 당선자의 첫 공식 행보는 트럼프 당시 대통령이 탈퇴를 선언했던 파리협정에 재가입을 신청하는 일이었습니다. 이것이 바이든과 트럼프의 선거 공약에서 가장 뚜렷한 차이점이기도 했습니다. 트럼프는 기후변화협약에 동의하지 않고 화석연료 사용을 고집하여 기후위기를 우려하는 전 세계 여러 나라와 시민들로부터 비난받고 있었습니다. 반면에 바이든 후보는 선거 과정에서 파리협정에 재가입하고 탄소중립(넷 제로) 실현에 동참하겠다고 약속했습니다. 바이든은 당선 후 탄소중립 달성을 위해 향후 10년간 약 2,000조 원을 투자한다는 계획을 발표했습니다. 코로나19 사태가 종식으로 향해가던 2022년 말 바이든은 IRA법(인플레이션감축법)을 통해 향후 10년간 약 490조 원을 투자해 2030년까지 온실가스 배출량을 2005년 대비 40% 감축하고 재생에너지와 친환경 기술을 국가 안보 전력화하는 계획도 발표했습니다. 또한 바이든은 **기후변화를 국가 안보 문제로 규정하고**, 존 케리 전 국무부 장관을 '기후특사'로 임명하기도 했습니다. 존 케리는 미국 역사상 최초로 기후특사 자격으로 백악관 국가안보회의NSC에 참석하는 멤버가 되었습니다.

2022년 우리나라 대선

우리나라는 2022년 대통령선거 후보 TV 토론회에서, 유력 후보가 에너지전환의 가장 기초적인 용어조차 제대로 이해하지 못하는 상황이 벌어졌습니다. 그 후보는 자신이 그걸 모른다는 점을 부끄러워하지 않았습니다.

더욱 놀라운 사실은 그 후보를 지지하는 층과 보수언론들이 대선 후보가 모든 걸 알아야 하느냐며 오히려 감쌌다는 것입니다. **그 후보는 그런 무지에도 불구하고 당선되었습니다.**

2022년 대선 TV 토론과 관련해 입장을 밝히는 당시 윤석열 국민의힘 후보
(출처: YTN 화면 캡처)

우리 사회는 그만큼 기후위기 문제에 담을 쌓고 사는 둔감한 사회입니다. 해외 선거와 달리 국내 선거에서는 기후 의제가 주요 의제로 설정된 예를 찾아볼 수 없습니다. 이런 상태로는 우리나라가 국제사회 일원으로서 기후위기 문제에 제대로 대응하면서 살아갈 수 없습니다.

　　정치는 그 사회가 꿈꾸는 미래사회로 나아가기 위해 시민들의 뜻을 모아 눈앞에 닥친 현안 과제를 해결해 가는 과정입니다. 이런 점에서 기후위기 문제에 제대로 대응하는 방법도 결국 정치를 통해 찾아야 합니다.